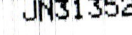

基礎がわかる！

かぎ針編みで作る

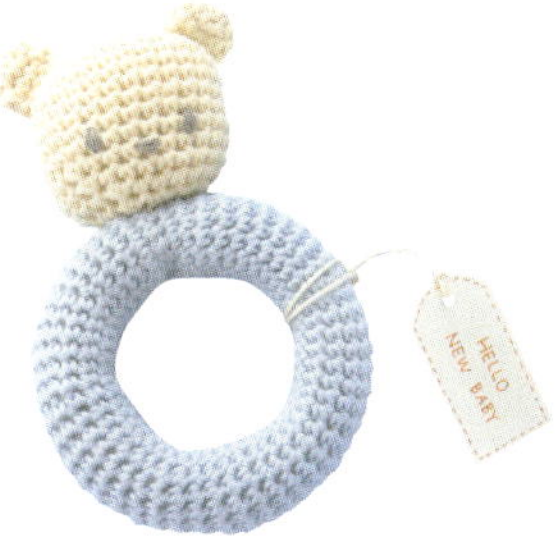

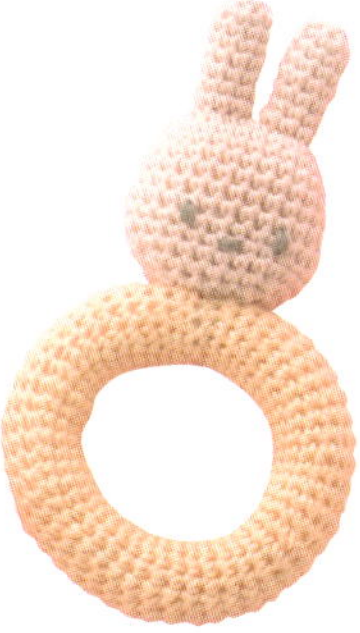

編みやすい、着せやすい、使いやすい！
赤ちゃんとママのためのベビーグッズがいっぱい！！

ベビーニット

著◎寺西恵里子

かぎ針編みで作る
ベビーニット

Contents

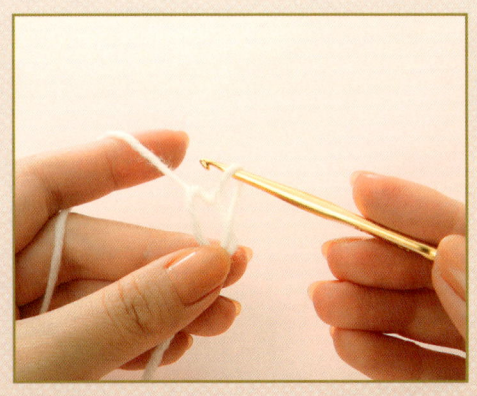

Happy Baby   4   はじめに

CHAPTER 1
Welcome Baby

First Cap Blue   6   帽子
First Socks Blue   6   靴下
First Cape Blue   7   ケープ
First Rabbit Pink   8   ベビーラビット
First Socks Pink   8   靴下
First Flower Cape   9   ケープ
First Bear White   10   ベビーベア
First Shoes White   10   ベビーシューズ
First Vest   11   ベスト
First Shoes White & Pink   12   ベビーシューズ

CHAPTER 2
♛ First Toys

First Rabbit Pink 24 ベビーラビット
First Bear White 25 ベビーベア
First Bear Blue 25 ベビーベア
First Bed Merry 26 ベッドメリー
First Bed Merry 27 ベッドメリー
Nigi-nigi Bear 28 ニギニギ
Nigi-nigi Ship 28 ニギニギ
Nigi-nigi Cake 29 ニギニギ
Nigi-nigi Rabbit 29 ニギニギ

CHAPTER 3
♛ Best Clothes

Cardigan 38 カーディガン
Pom-pon Cap 39 帽子
Shoes Bear 39 ベビーシューズ
Skirt 40 スカート
Hair Accessory 41 ヘアアクセサリー
Hair Pin 41 ヘアピン
Shoes Rabbit 41 ベビーシューズ
Cap Bear 42 帽子
Brim Hat 43 帽子
Béret 43 ベレー帽
Bib Rabbit 44 スタイ
Bib Bear 44 スタイ
Pochette Rabbit 45 ポシェット
Pochette Bear 45 ポシェット
Afghan 60 アフガン

Happy Baby

赤ちゃんがうまれてくること……

こんなにハッピーで
幸せなことはありません。

そんなあたたかな想いを
赤ちゃんに伝えてみませんか。

はじめに

手作りの優しさがぴったりな
ベビーニットです。

小さいので、すぐ編めます。
楽しんで編みましょう。

Welcome Baby

うまれてくる赤ちゃんを
想って、作る……

一針一針、ていねいに
夢がいっぱい……

未来の夢も託して……編みましょう。

First Toys

うまれてくる赤ちゃんに
プレゼント……

遊んでるところを
想い描いて……

成長を楽しみに……編みましょう。

Best Clothes

少し大きくなったら
その子に合わせて……

好きな色、似合う色で
愛情たっぷり……

いっしょに楽しんで……編みましょう。

手作りのベビーニット……
赤ちゃんに伝わるものは、いっぱい……

CHAPTER 1
Welcome Baby

うまれてくる赤ちゃんに……
想いを込めたプレゼント

帽子と靴下とケープの3点セット
さわやかなブルーがポイント。
女の子ならブルーをピンクしても……

First Cap Blue

First Socks Blue

How to Make　CAP（帽子）：P20　SOCKS（靴下）：P67

編み物がはじめての人でも大丈夫なベビーケープ
四角くまっすぐ編んであるだけなので、
リボンをほどけば……
ちょっとしたブランケットにもなります。

First Cape Blue

CHAPTER 1
Welcome Baby

うまれてくる赤ちゃんに……
はじめてのおともだち、
かわいいうさぎさんを作ってあげましょう。

うさぎさんと靴下とケープの3点セット
ピンクとお花とうさぎさん……
女の子をお姫様にしてあげましょう。

How to Make　RABBIT（ベビーラビット）:P66　SOCKS（靴下）:P67

フワフワのお花つきケープです。
これもまっすぐ編んだだけのケープ
リボンをほどけば……
お花つきのブランケットにもなります。

CHAPTER 1
Welcome Baby

うまれてくる赤ちゃんに……
はじめてのおともだち、
真っ白なかわいいベアを作ってあげましょう。

そして、
ファーストシューズとベストも。
白いサテンリボンがかわいさを引き立てます。

First Bear White

First Shoes White

How to Make　BEAR（ベビーベア）：P66　SHOES（ベビーシューズ）：P14

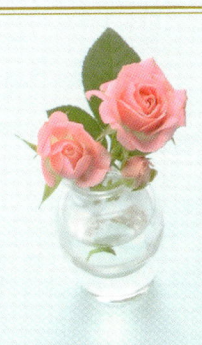

ベストはとっても便利です。
着せやすいのがポイント！
ちょっと肌寒いと思ったら、いつでも、さっと着せられます。

サテンリボンなので、ちょっとしたおしゃれ着にもなりますね。
少し大きくなるまで着てもらえるので1枚は欲しいベストです。

First Vest

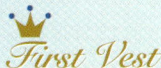

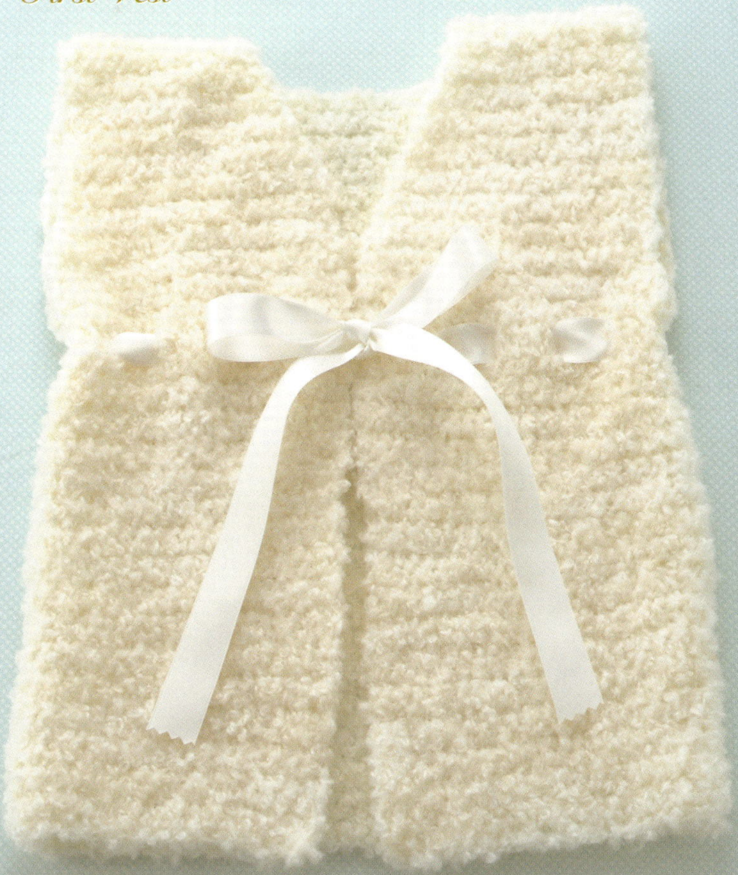

How to Make VEST(ベスト)：P69

Let's Try

さあ、はじめましょう！！
はじめてでも大丈夫です。
ていねいに、ゆっくり編んでいきましょう。

小さなファーストシューズから
編むのもいいですね。

First Shoes White & Pink

How to Make
SHOES WHITE（ベビーシューズ）:P14
SHOES PINK（ベビーシューズ）:P69

まずは……ここからはじめましょう。

糸の取り出し方

1

毛糸の中心に指を入れ、中心の糸をつかみます。

2

ひとかたまり、取り出します。

3

糸端を探します。

糸と針の持ち方

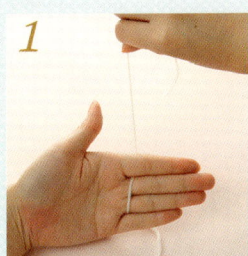
1

左手に糸を写真のようにかけます。

2

人さし指を立てて、糸端を中指と親指でつまみます。

3

右手は鉛筆を持つように針を持ちます。

作り目のはじめ

1

指でわを作ります。

2

わの中から糸を引き出します。

3

2の引き出したわに針を通します。

4

糸を引き締めます。

First Shoes White

ベビーシューズ

毛糸
[ハマナカかわいい赤ちゃん] 並太毛糸　生成(2)30g

針
かぎ針5号　とじ針

その他
サテンリボン　白[0.9cm幅]80cm

ゲージ
細編み　10cm24段　10cm24目

サイズ
足のサイズ 10〜11cm

完成図

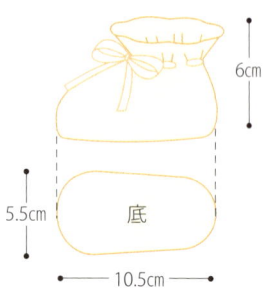

6cm / 5.5cm / 底 / 10.5cm

編み図

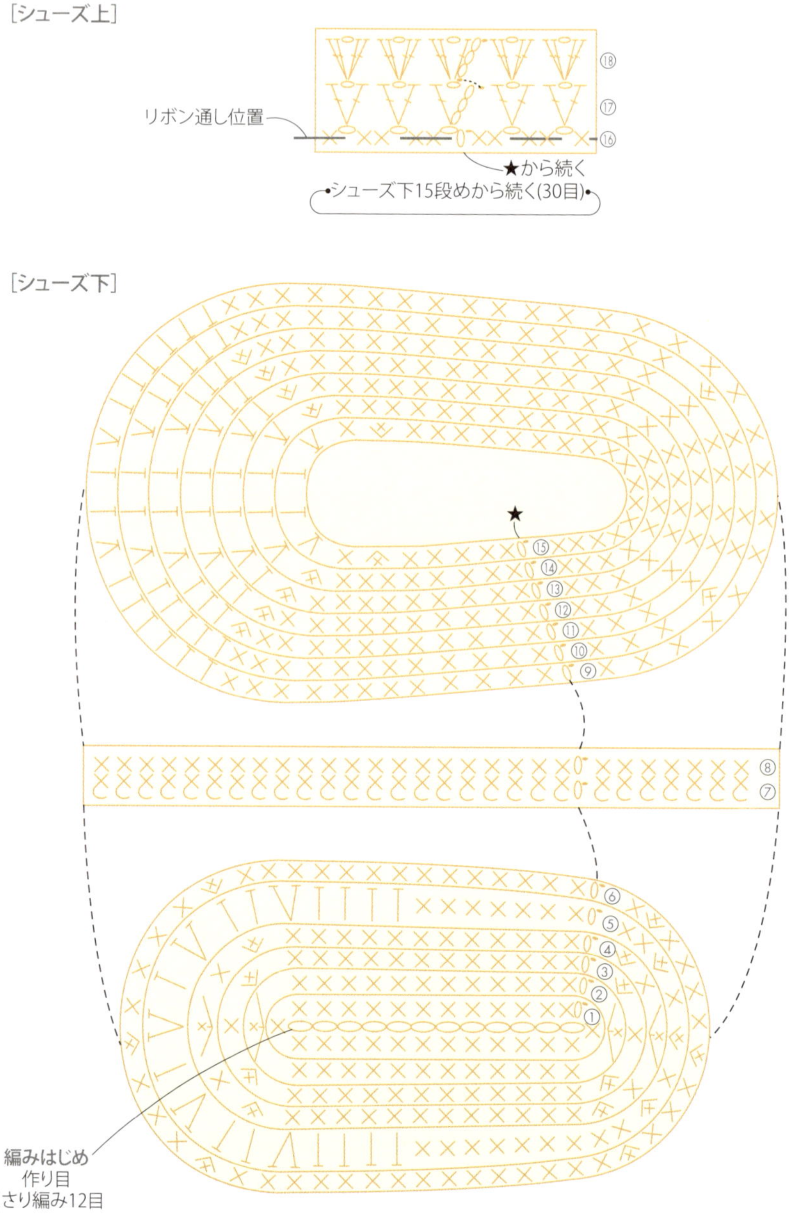

[シューズ上]

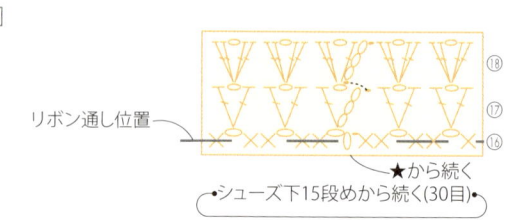

リボン通し位置
★から続く
シューズ下15段めから続く(30目)

[シューズ下]

本体の目の増減の仕方

	シューズ上	
18	+20	→ 50
16・17	±0	→ 30
	シューズ下	
15	−4	→ 30
14	−4	→ 34
13	−4	→ 38
12	−4	→ 42
11	−4	→ 46
10	−4	→ 50
9	−2	→ 54
7・8	±0	→ 56
6	+6	→ 56
5	+8	→ 50
4	+8	→ 42
3	+4	→ 34
2	+4	→ 30
1段め	+14目	→ 26目
作り目	くさり編み12目	

編みはじめ
作り目
くさり編み12目

1 作り目を編みます

くさり編みの編み方 ❶▶❷

1 くさり編みの作り目のはじめを作り、針に糸をかけます。
＊くさり編みの作り目のはじめは13ページ

2 そのまま引き抜きます。(くさり編みが1目できました)

3 さらにくさり編みを11目編みます。

2 1段めを編みます

細編みの編み方 ❷▶❻

1 くさり編みを1目編みます。(立ち目です)

2 2目先に針を入れます。

3 針に糸をかけます。

細編みの編み方

4 そのまま引き抜きます。

5 もう1度、針に糸をかけます。

6 1度に引き抜きます。(細編みが1目できました)

7 細編みを10目編みます。

細編み3目編み入れるの編み方 ❽

8 最後の目に細編みを3目編みます。(細編み3目編み入れるができました)

9 細編みを10目編みます。

細編み2目編み入れるの編み方 ❿

10 最初の目に細編みを2目編みます。(細編み2目編み入れるができました)

引き抜き編みの編み方 ⓫▶⓬

11 はじめの細編みの目に針を入れます。

3 6段まで編みます

引き抜き編みの編み方 ●

12
針に糸をかけ、そのまま引き抜きます。1段めが編めました。

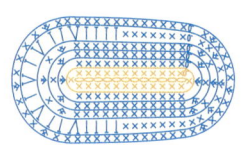

1
編み図の通りに4段まで編みます。

2
くさり編みを1目(立ち目)と細編みを7目編みます。

中長編みの編み方 3 ▶ 8

3
針に糸をかけます。

4
次の目に針を入れます。

5
針に糸をかけます。

6
そのまま引き抜きます。

中長編みの編み方 T

7
針に糸をかけます。

8
1度に引き抜きます。(中長編みが1目できました)

9
さらに中長編みを3目編みます。

中長編み2目編み入れるの編み方 10 V

10
次の目に中長編みを2目編みます。(中長編み2目編み入れるができました)

4 7段めを編みます

11
編み図の通りに6段まで編みます。

1
くさり編みを1目編みます。(立ち目です)

細編みの裏引き上げ編みの編み方 2 ▶ 4

2
前段の目に裏側から針を入れます。

細編みの裏引き上げの編み方

3 針を向こう側に出し、前段の目の束をすくいます。

4 そのまま細編みを1目編みます。(細編みの裏引き上げ編みができました)

5 細編みの裏引き上げ編みで1段編み、7段めが編めました。

5 10段まで編みます

1 細編みで1段編み、8段めが編めました。

2 くさり編みを1目(立ち目)・細編みを12目・中長編みを6目編みます。

中長編み2目1度(減らし目)の編み方 ③▶⑩

3 針に糸をかけます。

4 次の目に針を入れます。

中長編み2目1度(減らし目)の編み方

5 針に糸をかけ、引き抜きます。

6 針に糸をかけます。

7 次の目に針を入れます。

8 針に糸をかけ、引き抜きます。

中長編み2目1度(減らし目)の編み方

9 針に糸をかけます。

10 1度に引き抜きます。(中長編み2目1度ができました)

11 編み図の通りに10段まで編みます。

6 15段まで編みます

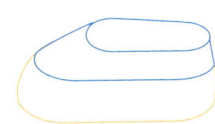

17

細編み2目1度(減らし目)の編み方 ❷▶❼

1 くさり編みを1目(立ち目)と細編みを11目編みます。

2 次の目に針を入れます。

3 針に糸をかけ、引き抜きます。

4 次の目に針を入れます。

細編み2目1度(減らし目)の編み方

5 針に糸をかけ、引き抜きます。

6 針に糸をかけます。

7 1度に引き抜きます。(細編み2目1度ができました)

8 編み図の通りに1段編みます。

7 17段まで編みます

9 編み図の通りに15段まで編みます。

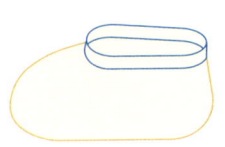

1 くさり編みを2目編みます。(1目は立ち目です)

2 1目あけて細編みを2目編みます。

長編みの編み方 ❺▶❿

3 くさり編みと細編みを編み図の通りに繰り返し、1段編み、16段めが編めました。

4 くさり編みを4目編みます。(3目は立ち目です)

5 針に糸をかけます。

6 前段のくさり編みを束ですくいます。

長編みの編み方

⑦ 針に糸をかけ、引き抜きます。

⑧ 針に糸をかけます。

⑨ 2目引き抜きます。

⑩ もう1度針に糸をかけ、1度に引き抜きます。(長編みが1目できました)

⑪ くさり編みを1目編み、長編みを同じ目に1目編みます。

⑫ 長編みとくさり編みを編み図の通りに繰り返し、1周編みます。

⑬ 最後ははじめのくさり編みを束ですくいます。

⑭ 針に糸をかけ、そのまま引き抜きます。17段めが編めました。

8 18段めを編みます

① くさり編みを3目編みます。(立ち目です)

② 前段のくさり編みを束ですくい、長編み1目・くさり編み1目・長編み2目を編みます。

③ 次の穴に長編み2目・くさり編み1目・長編み2目を編みます。

④ ③を繰り返し、18段めが編めました。

9 リボンをつけます

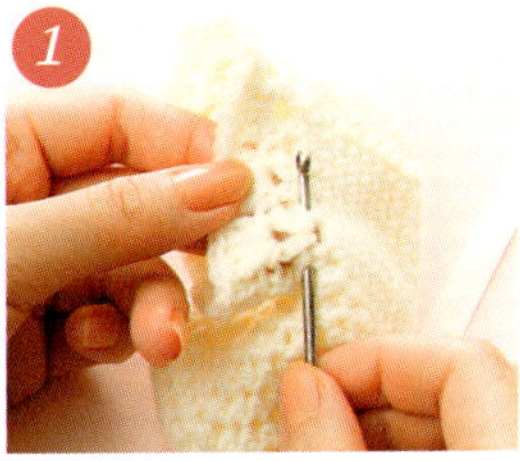

① 16段めの模様を交互にすくい、ひも通しでリボン(40cm)を通します。

② できあがりです。(同じように反対側も作ります)

P6

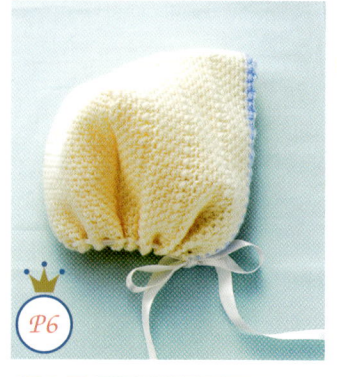

First Cap Blue

帽子

毛糸
[ハマナカかわいい赤ちゃん] 並太毛糸
生成(2)50g、ブルー(6)5g

針
かぎ針 5号　とじ針

その他
サテンリボン 白[1.5cm幅]85cm

ゲージ
＊1〜24段めの模様

模様編み　10cm24段
10cm25目

サイズ
顔回り 37.5cm
側面 41.5cm

編み図

[本体：1枚]

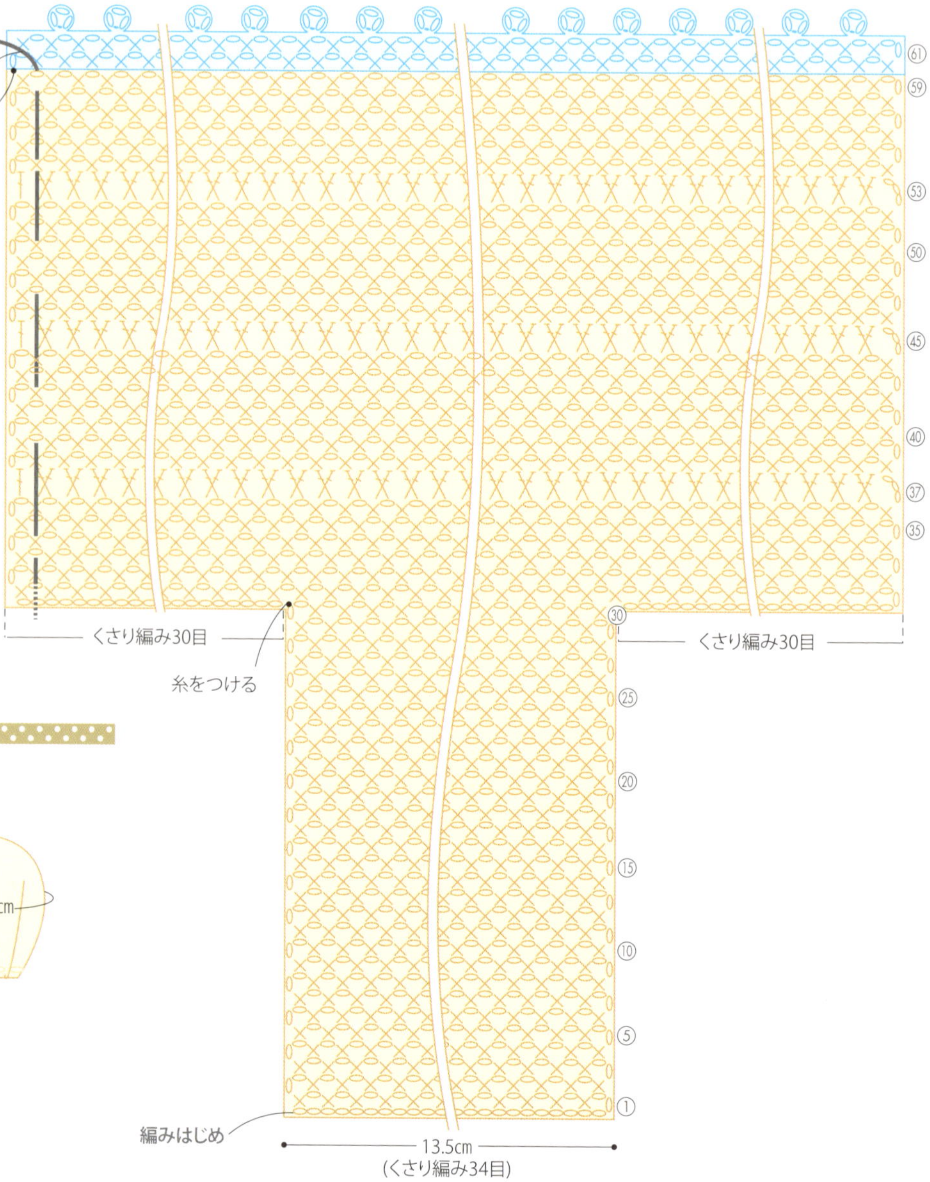

リボン通し位置
▲糸をつける
61
59
53
50
45
40
37
35
30
25
20
15
10
5
1
くさり編み30目
糸をつける
くさり編み30目
編みはじめ
13.5cm
(くさり編み34目)

完成図

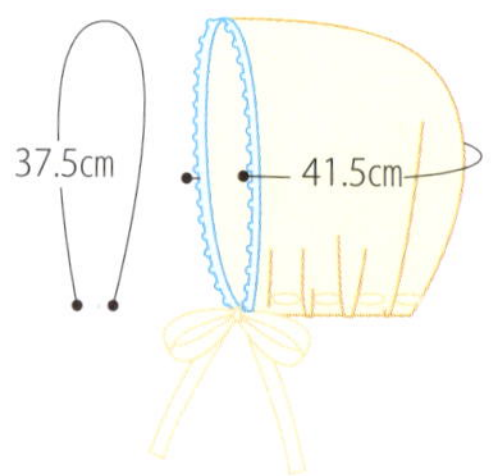

37.5cm
41.5cm

1 1段めを編みます

❶ くさり編みを36目編みます。
(34目は作り目、1目は立ち目です)
＊くさり編みの編み方は15ページ

❷ 3目手前の目に細編みを編みます。
＊細編みの編み方は15ページ

❸ くさり編みを1目編みます。

❹ 細編みとくさり編みを繰り返し、1段編みます。

2 30段まで編みます

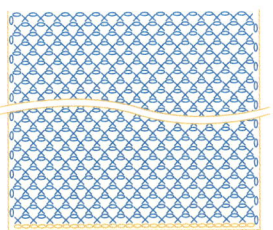

編み図の通りに30段まで編みます。

3 36段まで編みます

❶ くさり編みを32目編みます。
(30目は作り目、1目は立ち目です)

❷ 反対側の角に糸をつけます。

❸ くさり編みを30目編みます。

❹ ❶から続けて、細編みとくさり編みを編み図の通りに繰り返し、1段編み、31段めが編めました。

長編み1目交差の編み方 ❷▶❺

4 37段めを編みます

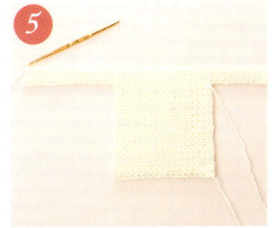

❺ 編み図の通りに5段編み、36段めまで編めました。

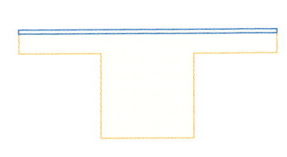

❶ くさり編みを3目編みます。
(立ち目です)

❷ 針に糸をかけ、2目先に針を入れます。

長編み1目交差の編み方

③
長編みを編みます。
＊長編みの編み方は18ページ

④
針に糸をかけ、1目手前の目に針を入れます。

⑤
長編みを編みます。（長編み1目交差ができました）

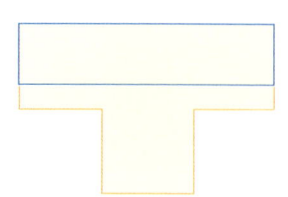
⑥
長編み1目交差を1段編み、37段めが編めました。

5 59段まで編みます

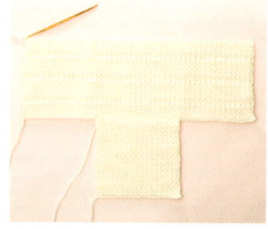

編み図の通りに59段まで編みます。

6 つなぎます

①
中表に合わせ、♥を巻きかがりでつなぎます。

②
★もつなぎます。

7 ふちを編みます

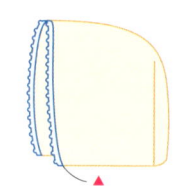 

別糸のつけ方 ①
①
▲に針を入れ、別糸をかけます。

②
そのまま引き抜き、くさり編みを2目編みます。（1目は立目です）

③
前段のくさり編みの穴に細編みを編みます。

④
くさり編みと細編みを繰り返し、1段編みます。

⑤
くさり編み2目（1目は立目）・細編み1目・くさり編み1目を編みます。

ピコット編みの編み方 ❻▶❽　ピコット編みの編み方

❻
くさり編みを3目編みます。

❼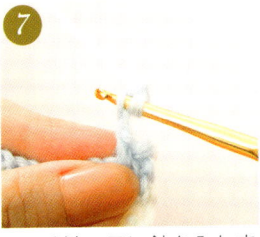
2目手前の目に針を入れます。

❽
針に糸をかけ、引き抜きます。(ピコットができました)

❾
次の穴に細編みを編みます。

8 リボンをつけます

❿
くさり編み・細編み・ピコットを編み図の通りに繰り返し、1段編みます。

❶
ひも通しでリボンを通します。

❷
できあがりです。

First Cape Blue

First Cape Flower

CHAPTER 2
First Toys

うまれてくる赤ちゃんに……
はじめてのあみぐるみ
うさぎさんを作ってあげましょう。

赤ちゃんのために作られています。
赤ちゃんが持ちやすいようにボディは細く……
手足は自由に動いて、おすわりもできます。
なによりは……洗える糸を使っているので安心です。

First Rabbit Pink

How to Make RABBIT (ベビーラビット):P66

耳を替えればうさぎがくまに……
色も好きな色で作りましょう。
リボンも好きなリボンを結んでもいいですね。
ほどけないように、縫いとめるのがポイントです。

First Bear White

First Bear Blue

How to Make ♛ BEAR White (ベビーベア):P66 ♛ BEAR BLUE (ベビーベア):P30

CHAPTER 2
First Toys

うまれてくる赤ちゃんに……
見て楽しめるおもちゃ
ベッドメリーを作ってあげましょう。

カラフルな毛糸のベッドメリーは
赤ちゃんの見えるところに飾りましょう。

クルクル揺れるベッドメリー
赤ちゃんに楽しんでもらえるのはもちろん、
毛糸のあたたかい優しさがお部屋中に広がります。

First Bed Merry

How to Make ♛ BED MERRY（ベッドメリー）: P70

CHAPTER 2
First Toys

うまれてくる赤ちゃんに……
はじめてのおもちゃ、
ニギニギを作ってあげましょう。

赤ちゃんがにぎりやすいように
しっかりした形に仕上げています。
男の子にはくまさん、女の子にはうさぎさん
パペットのようにして、話しかけてもいいですね。

Nigi-nigi Bear

Nigi-nigi Ship

How to Make
NIGI-NIGI BEAR（ニギニギ）：P35　NIGI-NIGI SHIP（ニギニギ）：P72

First Bear Blue

ベビーベア

毛糸
[ハマナカわんぱくデニス] 並太毛糸　ブルー(47)30g
針
かぎ針 5号　とじ針
その他
サテンリボン 白[1.5cm幅]35cm
25番刺しゅう糸 こげ茶 少々
手芸綿 適量

ゲージ

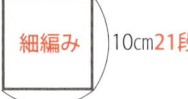
細編み　10cm 21段
10cm 20目

サイズ
幅 12cm　高さ 17cm

完成図

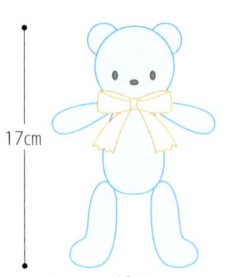

編み図

[頭:1枚]

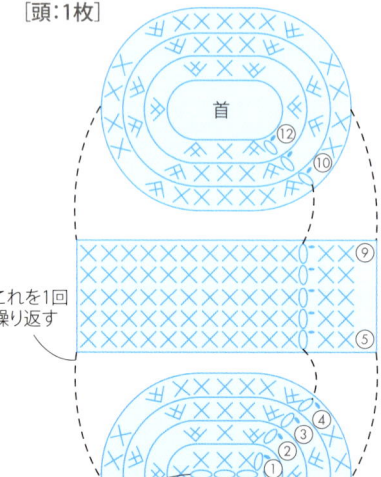

[耳:2枚]

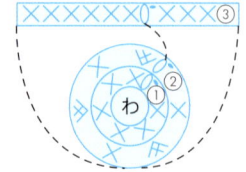

耳の目の増やし方

3	±0	→ 9
2	+3目	→ 9目
1段め	わの中に細編み6目	

[ボディ:1枚]

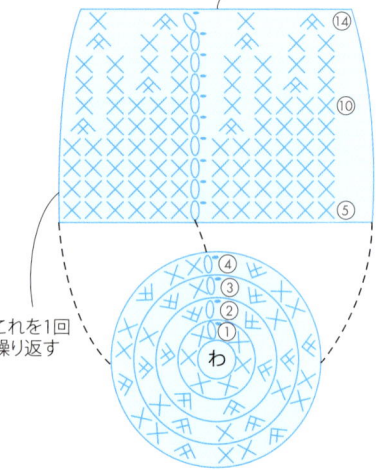

頭の目の増減の仕方

12	−6	→ 8
11	−8	→ 14
10	−4	→ 22
5〜9	±0	→ 26
4	+4	→ 26
3	+8	→ 22
2	+6	→ 14
1段め	+5目	→ 8目
作り目	くさり編み3目	

[足:2枚]

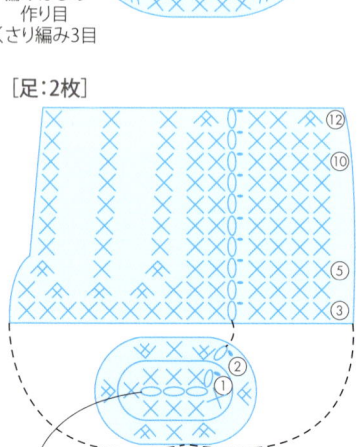

[手:2枚]

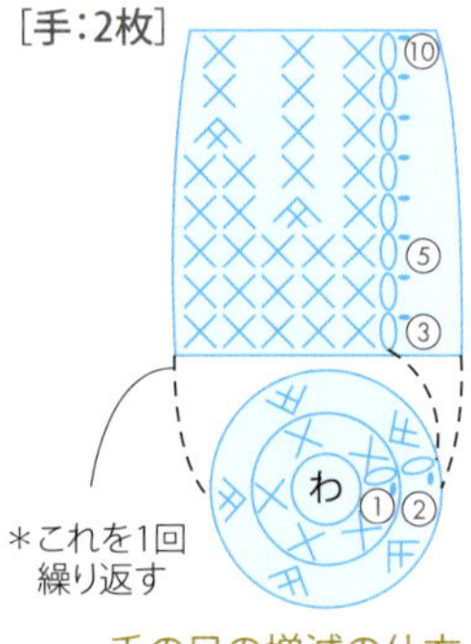

手の目の増減の仕方

9・10	±0	→ 6
8	−2	→ 6
7	±0	→ 8
6	−2	→ 8
3〜5	±0	→ 10
2	+5目	→ 10目
1段め	わの中に細編み5目	

足の目の増減の仕方

12	−2	→ 7
6〜11	±0	→ 9
5	−2	→ 9
4	−3	→ 11
3	±0	→ 14
2	+6	→ 14
1段め	+5目	→ 8目
作り目	くさり編み3目	

ボディの目の増減の仕方

14	−4	→ 8
13	−4	→ 12
12	±0	→ 16
11	−4	→ 16
10	±0	→ 20
9	−4	→ 20
5〜8	±0	→ 24
4	+6	→ 24
3	+6	→ 18
2	+6目	→ 12目
1段め	わの中に細編み6目	

実物大図案

サテンステッチ(こげ茶・6本)

1 頭の1段めを編みます

1
くさり編みを4目編みます。
(1目は立ち目です)
＊くさり編みの編み方は15ページ

2
2目手前の目に細編みを編みます。
＊細編みの編み方は15ページ

3
次の目に細編みを編みます。

4
次の目に細編みを3目編みます。
＊細編み3目編み入れるの編み方は15ページ

5
次の目に細編みを編みます。

6
最初の目に細編みを2目編みます。
＊細編み2目編み入れるの編み方は15ページ

7
はじめの細編みの目に針を入れ、糸をかけ、引き抜き1段めが編めました。

2 2段めを編みます

1
くさり編みを1目編みます。
(立ち目です)

2
同じ目に細編み2目編み入れるを編みます。

3
細編みと細編み2目編み入れるを編み図の通りに編み、2段めが編めました。

3 4段まで編みます

編み図の通りに4段まで編みます。

4 10段まで編みます

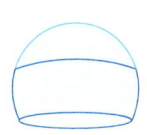

1
細編みで5段編みます。

31

くさり編みを1目編みます。(立ち目です)

細編み2目1度を編みます。
＊細編み2目1度の編み方は18ページ

細編みと細編み2目1度を編み図の通りに編み、10段めが編めました。

5 12段まで編みます

編み図の通りに、12段まで編みます。

6 ボディのわの作り目を編み、1段めを編みます

わの作り目の編み方 ❶▶❺

人さし指に糸を2回巻きつけ、わを作ります。

わの中に針を入れ、針に糸をかけます。

------ わの作り目の編み方 ------

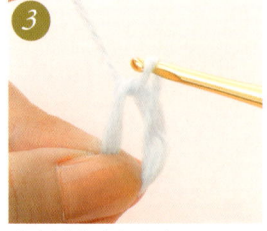
糸を引き出します。

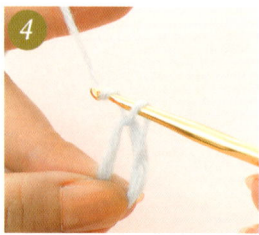
針に糸をかけます。

引き抜きます。くさり編みが1目できました。(立ち目です)

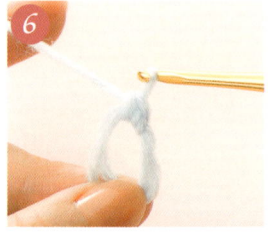
細編みを1目編みます。

7 2段めを編みます

さらに細編みを5目編みます。

わを作った糸を引き締めます。

はじめの細編みの目に針を入れ、糸をかけ、引き抜き、1段めが編めました。

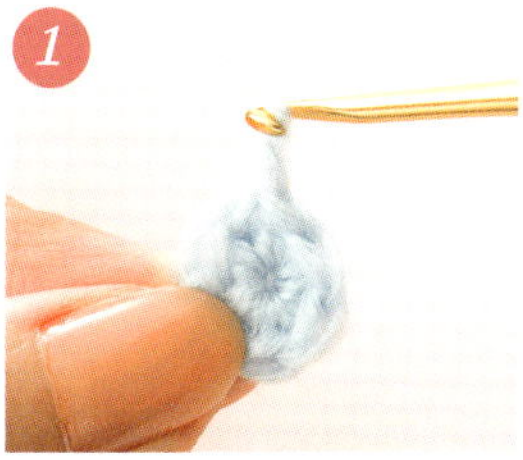

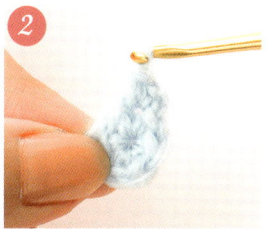

1
くさり編みを1目編みます。(立ち目です)

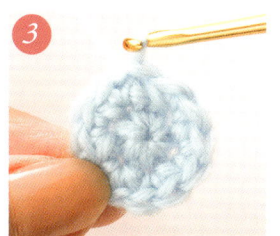

2
同じ目に細編み2目編み入れるを編みます。

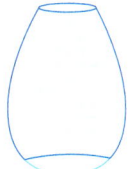

3
さらに細編み2目編み入れるを5回繰り返し、2段めが編めました。

8 14段まで編みます

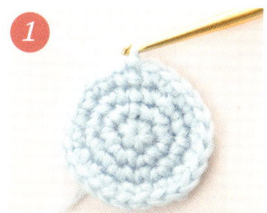

1
細編みと細編み2目編み入れるを編み図の通りに編み、4段めが編めました。

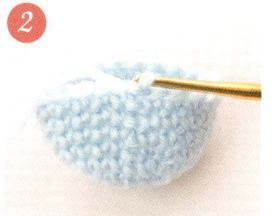

2
細編みで4段編みます。

3
細編みと細編み2目1度を編み図の通りに編み、14段まで編みます。

9 他のパーツを編みます

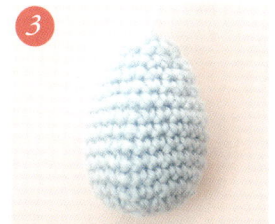

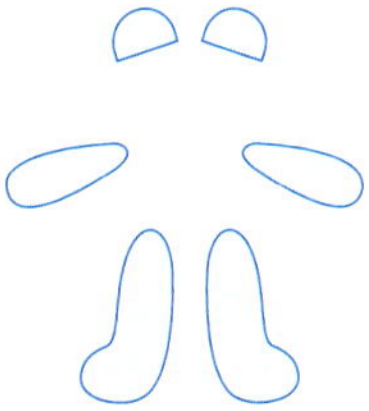

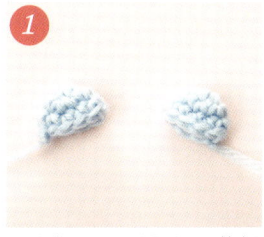

1
耳を編み図の通りに2枚編みます。

2
手を編み図の通りに2本編みます。

3
足を編み図の通りに2本編みます。

4
耳を二つ折りにし、下を巻きかがりでとじます。

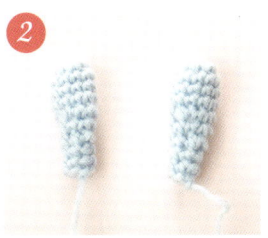

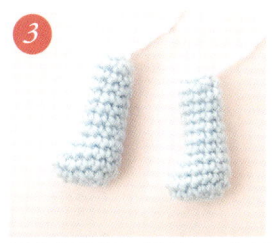

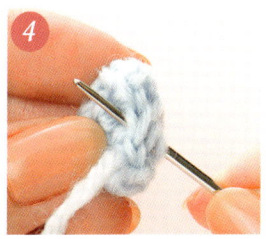

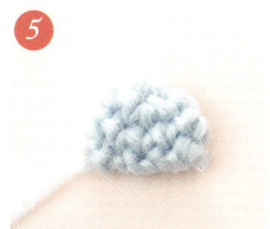

5
耳ができました。

6
手に綿を入れます。

7
とじ針で10段めの目を交互にすくい、糸を通します。

8
絞ります。

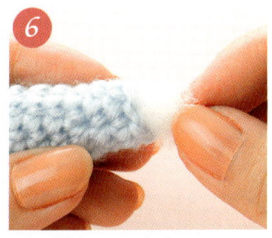

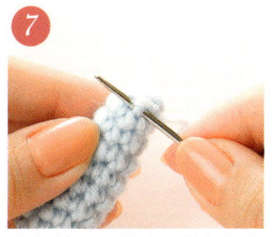

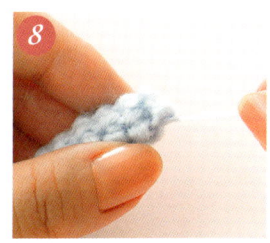

10 頭とボディをつなぎます

9
十字に縫いとめて、手ができました。

10
足も手と同じようにとじます。

1
頭とボディに綿を入れます。

2
頭とボディの首の目を交互にすくい、つなげます。

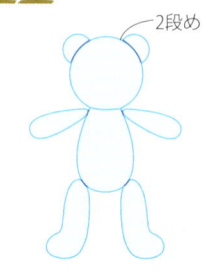
3
つながりました。

11 耳、手、足をつけます

2段め

1
頭に耳を縫いつけます。

2
ボディの13段めに手を縫いつけます。

3
ボディの4段めに足を縫いつけます。

4
耳・手・足がつきました。

12 刺しゅうをし、リボンをつけます

1
顔を刺しゅうします。
4段

2
リボンを結び、できあがりです。

First Bear & Rabbit

Nigi-nigi Bear

ニギニギ

毛糸
[ハマナカポームベビーカラー]並太毛糸
ブルー(95)15g、黄(93)10g
[ハマナカポーム＜草木染め＞]並太毛糸　グレー(55)少々

針
かぎ針 5号　とじ針

その他
手芸綿 適量

ゲージ
細編み 10cm24段 / 10cm20目

サイズ
幅 9cm　高さ 14cm

完成図

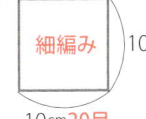

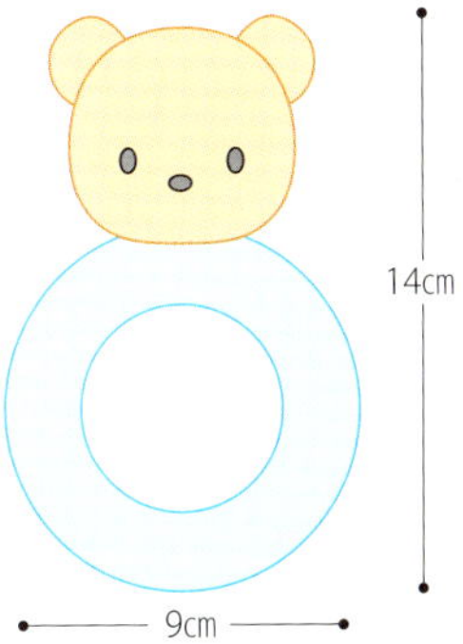

14cm / 9cm

編み図

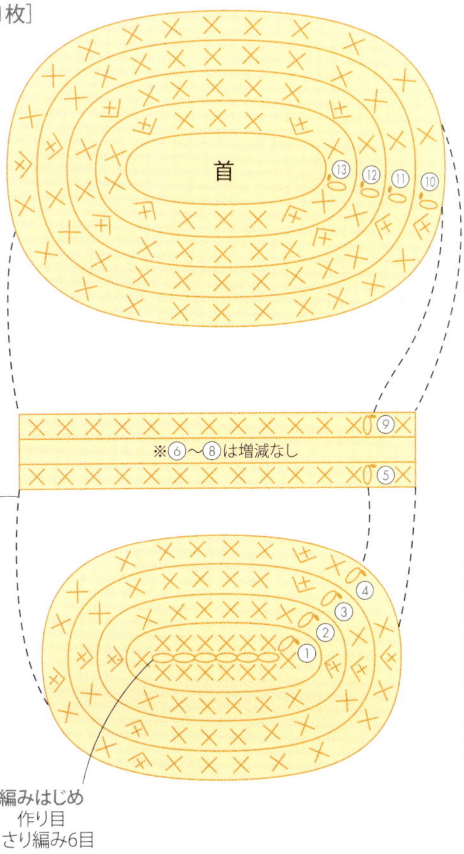

［顔1枚］ 首

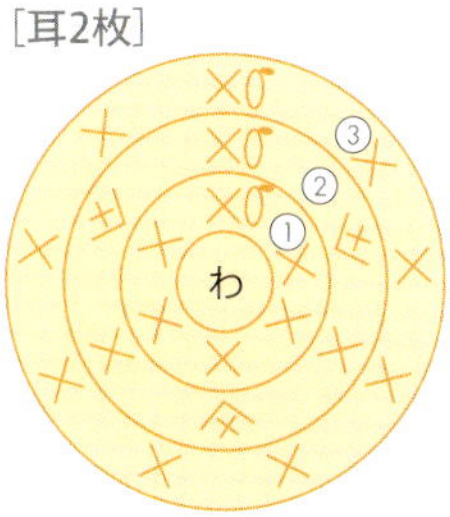

［耳2枚］ わ

耳の目の増やし方

段	増減	目数
3	±0	→9
2	+3目	→9目
1段め	わの中に細編み6目	

※⑥～⑧は増減なし

編みはじめ
作り目
くさり編み6目

顔の目の増減の仕方

段	増減	目数
13	−4	→14
12	−4	→18
11	−2	→22
10	−2	→24
5～9	±0	→26
4	+4	→26
3	+4	→22
2	+4	→18
1段め	+8目	→14目
作り目	くさり編み6目	

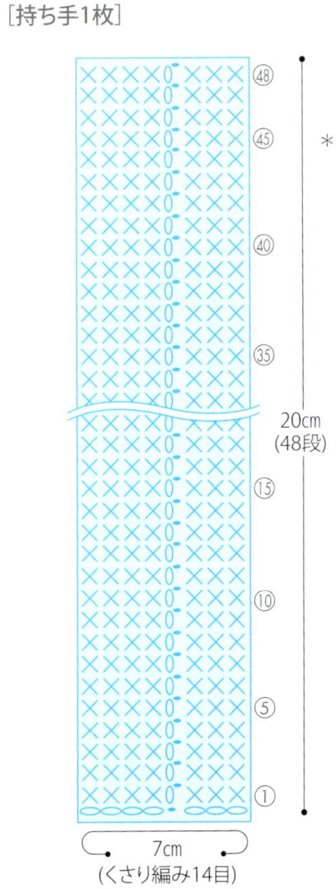

［持ち手1枚］

20cm (48段)
7cm (くさり編み14目)

*これを1回繰り返す

実物大図案

サテンステッチ
(グレー・1本)

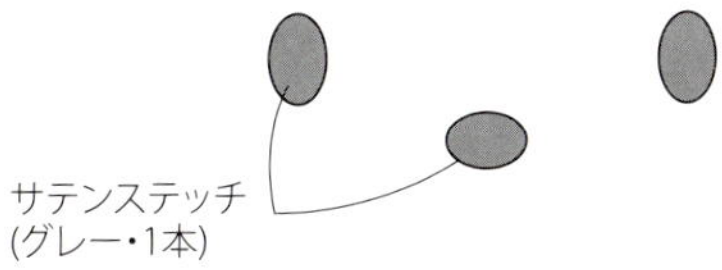

1 輪を編みます

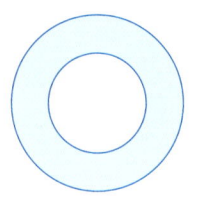

くさり編みを14目編みます。
＊くさり編みの編み方は15ページ

はじめのくさり編みの目に針を入れます。

針に糸をかけ、そのまま引き抜きます。（作り目ができました）

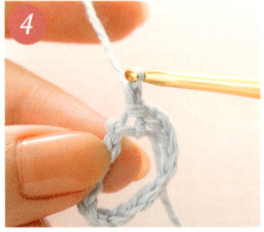
くさり編みを1目編みます。（立ち目です）

同じ目に細編みを編みます。
＊細編みの編み方は15ページ

細編みで1段編み、1段めが編めました。

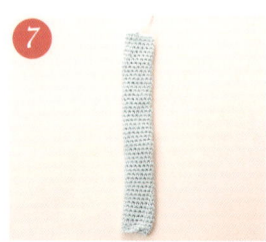
さらに細編みで47段編みます。

綿を入れ、両端を巻きかがりでつなげます。

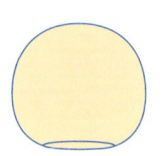
輪ができました。

2 頭を編みます

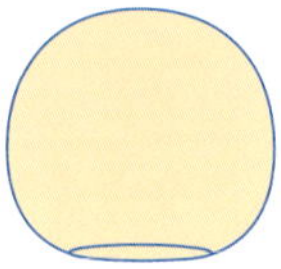

編み図の通りに作り目と1段めを編みます。

編み図の通りに4段まで編みます。

細編みで5段編みます。

編み図の通りに13段まで編みます。

綿を入れ、頭ができました。

3 耳を編みます

1  わの作り目で細編みを6目編み、1段めを編みます。
＊わの作り目の編み方は32ページ

2 細編みと細編み2目編み入れるを繰り返し、2段めを編みます。

3 細編みで3段めを編みます。

4 耳を二つ折りにし、下を巻きかがりでとじ、耳ができました。

4 パーツを縫い合わせます

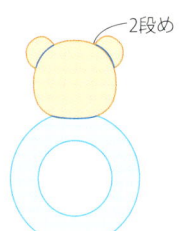

1  頭に耳を縫いつけます。

2 両耳がつきました。

3 とじ針で13段めの目を交互にすくい、糸を通し、縮めます。

4 頭を輪に縫いつけます。

5 頭がつきました。

5 刺しゅうをします

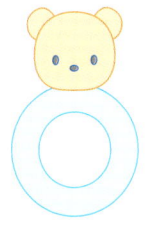

1  顔を刺しゅうします。

2 できあがりです。

37

CHAPTER 3
Best Clothes

少し大きくなったら……
おでかけに便利なカーディガンを
1枚用意してあげましょう。

誰もが似合う、優しい黄色のカーディガンです。
ポンポンつきのリボンもポイントです。
模様編みも簡単にできる編み方で、はじめてでも大丈夫です。
2日もあれば編めるので、ぜひ、作ってあげてください。

Cardigan

How to Make ♛ CARDIGAN（カーディガン）：P46

おそろいでポンポンのついたキャップと
くまさんシューズも作ってあげましょう。

キャップはまっすぐに編むだけで、超簡単です。
歩く前の赤ちゃんは足が靴下だけじゃ寒そうなので
ニットシューズは1足は作って上げるといいですね！

Pom-pon Cap

Shoes Bear

How to Make　CAP（帽子）：P73　SHOES（ベビーシューズ）：P55

CHAPTER 3
Best Clothes

少し大きくなったら……
女の子にはニットのスカートを
編んであげましょう。

まっすぐ編むだけの簡単スカートです。
女の子はかわいくかわいくしてあげたいですね。
お花をたくさんつけてあげましょう。
すぽっと着せてあげられるのもいいですね。

Skirt

How to Make ♛ SKIRT（スカート）:P74

お花のヘアアクセとヘアピンと
うさぎさんシューズも作ってあげましょう。

ヘアアクセは首の前でリボン結びがポイント！
もっとお姉さんになったら、後ろで結んでカチュームに。
ニットシューズはおでかけシューズに！

Hair Accessory

Hair Pin

Shoes Rabbit

How to Make　HAIR PIN（ヘアピン）:P75
HAIR ACCESSORY（ヘアアクセサリー）:P75
SHOES（ベビーシューズ）:P73

CHAPTER 3
Best Clothes

少し大きくなったら……
かわいい帽子をプレゼント！

赤ちゃんならではかわいさを引き出す
耳つきのくまさんの帽子
耳当てもついていて、あったかです。

Cap Bear

How to Make CAP（帽子）：P51

女の子にはピンクのお花の帽子
頭のてっぺんにお花をつけました。

かわいいブリムの帽子とおしゃれなベレー帽
どちらもかぶせやすい帽子です。
洗える糸で編んでいます。

Brim Hat

Béret

How to Make BRIM HAT(帽子):P76　BÉRET(ベレー帽):P76

CHAPTER 3
Best Clothes

少し大きくなったら……
スタイやポシェットを作ってあげましょう。

かわいいスタイならお食事タイムが楽しくなりますね。
糸は洗える綿糸なので、お洗濯も大丈夫。
うさぎさんとくまさん、好きな方で。

Bib Rabbit

Bib Bear

おそろいでポシェットも作ってあげましょう。
つけてるだけで、かわいいですね！

赤ちゃんもバッグは大好き！
ハンカチやおもちゃを入れてあげましょう。
おうちに帰ってきたら壁にかけて……インテリアにも。

Pochette Rabbit

Pochette Bear

How to Make POCHETTE（ポシェット）：P78

Cardigan　カーディガン

毛糸
[ハマナカかわいい赤ちゃん] 並太毛糸
黄(11)185g

針
かぎ針5号　とじ針　縫い針

その他
スナップボタン[直径0.8cm]3組
25番刺しゅう糸 黄 少々

ゲージ
模様編み　10cm 16段　10cm 21目

サイズ
着丈 30cm　身幅 31.5cm
肩幅 26cm　袖丈 21cm

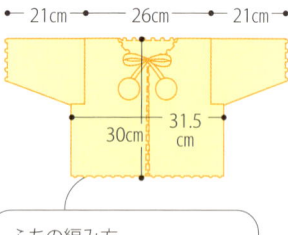

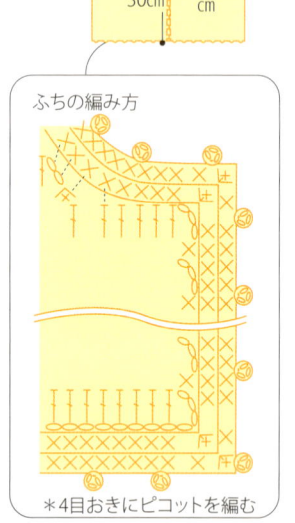

完成図

21cm — 26cm — 21cm
30cm　31.5cm

編み図

[袖:2枚]

袖の目の増減の仕方

段	増減	目数
25～32	±0	→ 60
24	+2	→ 60
23	±0	→ 58
22	+2	→ 58
21	±0	→ 56
20	+2	→ 56
19	±0	→ 54
18	+2	→ 54
17	±0	→ 52
16	+2	→ 52
15	±0	→ 50
14	+2	→ 50
13	±0	→ 48
12	+2	→ 48
11	±0	→ 46
10	+2	→ 46
9	±0	→ 44
8	+2	→ 44
7	±0	→ 42
6	+2	→ 42
5	±0	→ 40
4	+2	→ 40
1～3段め	±0目	→ 38目
作り目	くさり編み38目	

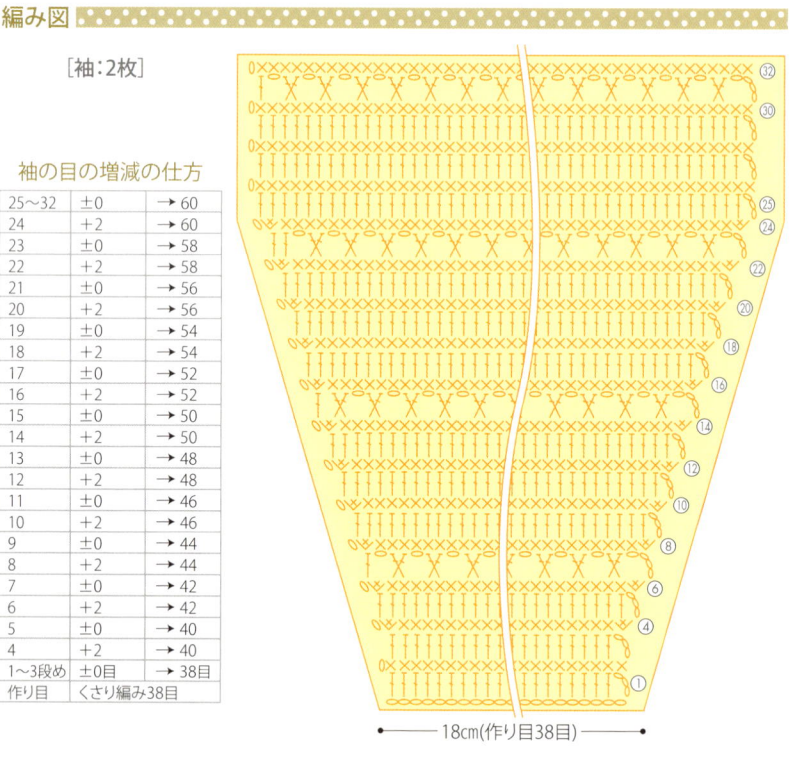

18cm(作り目38目)

ふちの編み方
＊4目おきにピコットを編む

[後ろ身頃:1枚]

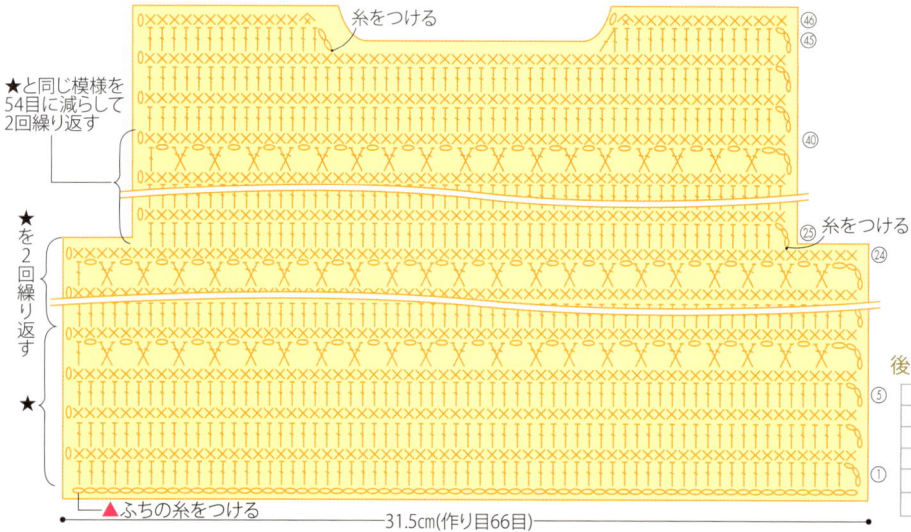

★と同じ模様を54目に減らして2回繰り返す
★を2回繰り返す

糸をつける

▲ふちの糸をつける

31.5cm(作り目66目)

後ろ見頃の目の増減の仕方

段	増減	目数
46	-1	→ 14
45	-39	→ 15
26～44	±0	→ 54
25	-12	→ 54
1～24段め	±0目	→ 66目
作り目	くさり編み66目	

[右前身頃:1枚]　　　　　　　[左前身頃:1枚]

★と同じ模様を目を減らしながら2回繰り返す

糸をつける

糸をつける

①〜㉔は右前見頃と同じ

★を2回繰り返す

16cm(作り目33目)

前見頃の目の増減の仕方

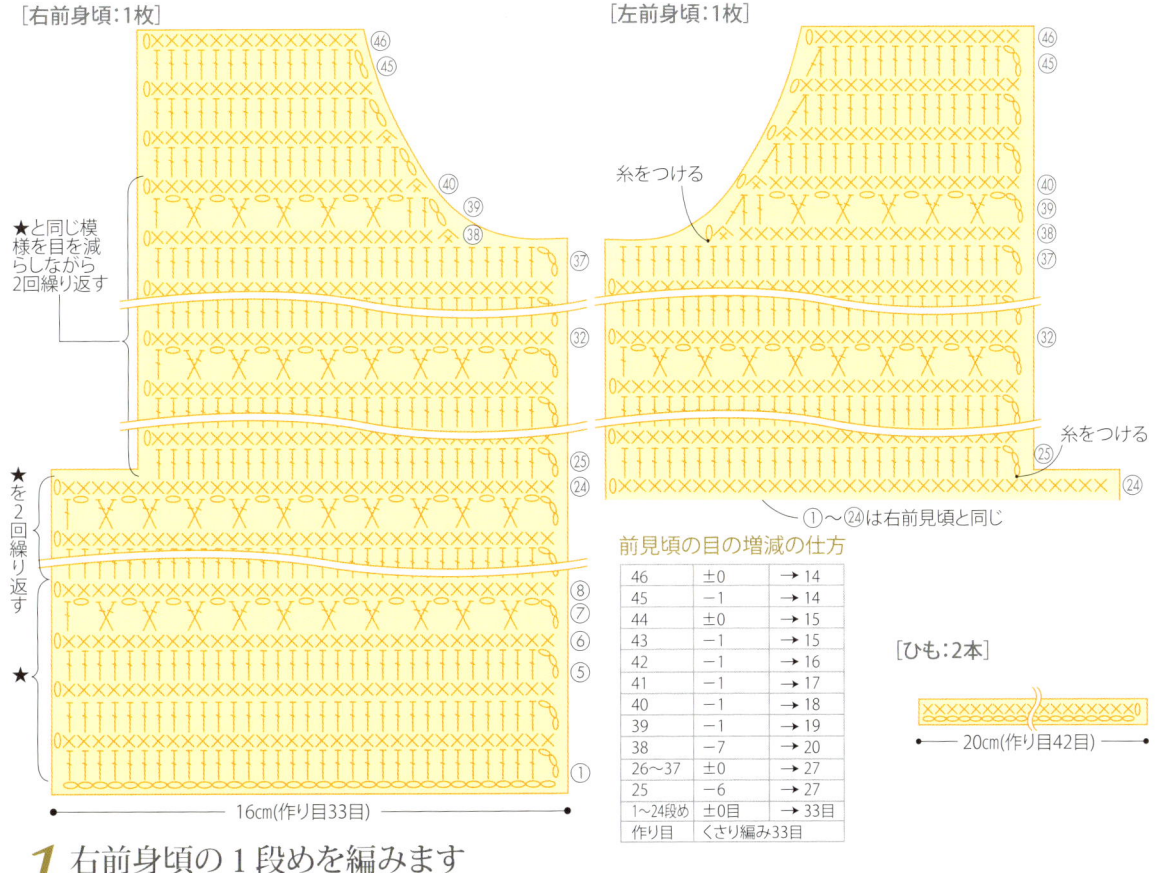

段	増減	目数
46	±0	→ 14
45	−1	→ 14
44	±0	→ 15
43	−1	→ 15
42	−1	→ 16
41	−1	→ 17
40	−1	→ 18
39	−1	→ 19
38	−7	→ 20
26〜37	±0	→ 27
25	−6	→ 27
1〜24段め	±0目	→ 33目
作り目	くさり編み33目	

[ひも:2本]

20cm(作り目42目)

1 右前身頃の1段めを編みます

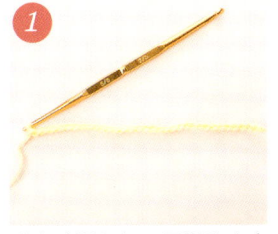

1 くさり編みを36目編みます。(3目は立ち目です)
＊くさり編みの編み方は15ページ

2 5目手前の目に針を入れ、長編みを編みます。
＊長編みの編み方は18ページ

3 長編みを1段編みます。

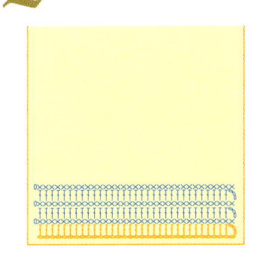

2 6段まで編みます

1 くさり編みを1目編み(立目)、細編みを編みます。
＊細編みの編み方は15ページ

2 細編みを1段編みます。

3 長編み・細編みを繰り返し、6段まで編みます。

47

3 24段まで編みます

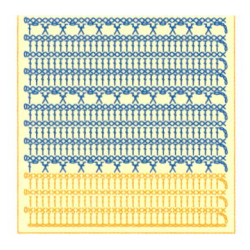

1 くさり編みを4目編み(3目は立ち目)、針に糸をかけ、3目先に針を入れます。

2 そのまま長編みを編み、1目手前の目に針を入れます。

3 長編みを編みます。
＊長編み1目交差の編み方は21ページ

4 くさり編み1目と長編みの1目交差を編みます。

5 くさり編みと長編みの1目交差を繰り返し、1段編みます。

6 細編みで1段編みます。柄を2回繰り返し、24段まで編みます。

4 46段まで編みます

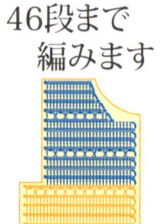

1 くさり編みを3目編み(立ち目)、長編みを26目編み、裏返します。

2 編み図の通りに37段まで編みます。

3 くさり編みを1目(立ち目)、細編みを19目、細編み2目1度を編み、38段めを編みます。
＊細編み2目1度の編み方は18ページ

4 くさり編みを2目(立ち目)と、長編みを2目編みます。

5 くさり編みを1目編み、長編みの1目交差を編みます。

6 くさり編みと長編みの1目交差を繰り返し、39段めが編めました。

7 編み図の通りに46段まで編み、右前身頃のできあがりです。

5 左前身頃と後ろ身頃を編みます

48

6 袖を編みます

1 左前身頃を編みます。

2 後ろ身頃を編みます。

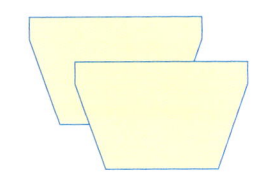

1  くさり編みを38目(作り目)編み、編み図の通りに3段まで編みます。

2 くさり編みを1目(立ち目)と細編み2目編み入れるを編みます。＊細編み2目編み入れるの編み方は15ページ

3 細編みを36目編みます。

4 次の目に細編み2目編み入れるを編みます。

5 編み図の通りに32段まで編みます。(もう1枚編みます)

7 肩をはぎます

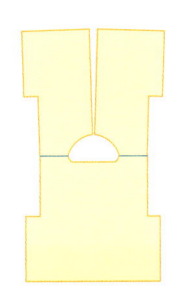

引き抜きはぎの仕方 1 ▶ 4

1 前後身頃を中表にし、2枚の肩の端の目に針を入れ、糸をかけます。

2 1度に引き抜きます。

3 次の目に針を入れ、糸をかけます。

引き抜きはぎの仕方

4 1度に引き抜きます。

5 繰り返し、引き抜きはぎではぎます。

8 袖をつけ、脇をとじます

1  袖と身頃の袖ぐりの端と中心の目を合わせてとめます。

9 ふちを編みます

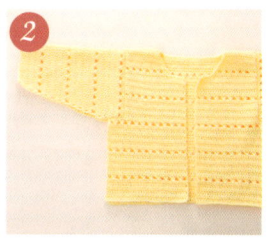

2 肩と同じように、引き抜きはぎで袖ぐりをはぎます。

3 袖下と脇を巻きかがりではぎます。

4 身頃に袖がつきました。

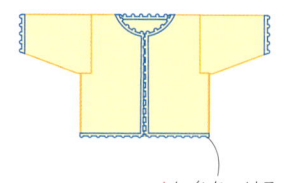

▲に糸をつける

1 後ろ身頃裾の左脇の目(▲)に針を入れ、糸をかけます。

2 そのまま引き抜き、くさり編み1目(立ち目)と細編みを編みます。

3 細編み(角は細編み3目編み入れる)でふちを1周編みます。

4 くさり編み1目(立ち目)と細編みを編みます。

5 くさり編みを3目編みます。

6 2目手前の目に針を入れます。

10 スナップとひもをつけます

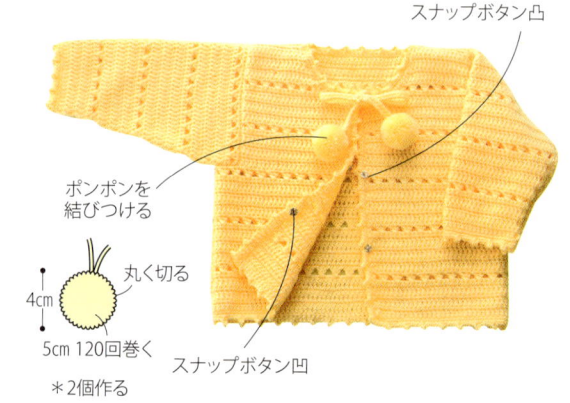

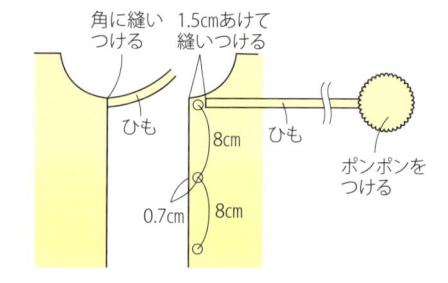

スナップボタン凸

ポンポンを結びつける

4cm 丸く切る

5cm 120回巻く

＊2個作る

スナップボタン凹

7 針に糸をかけ、引き抜きます。(ピコットができました)

8 細編みを4目・ピコットを繰り返し編み、1周編みます。袖も同じようにふちを編み、できあがりです。

角に縫いつける

1.5cmあけて縫いつける

ひも

8cm

0.7cm

8cm

ひも

ポンポンをつける

Cap Bear

帽子

P42

毛糸
[ハマナカわんぱくデニス] 並太毛糸
ブルー(47)50g、こげ茶(13)少々

針
かぎ針5号　とじ針

ゲージ
細編み　10cm21段　10cm20目

サイズ
頭回り48cm　深さ13cm

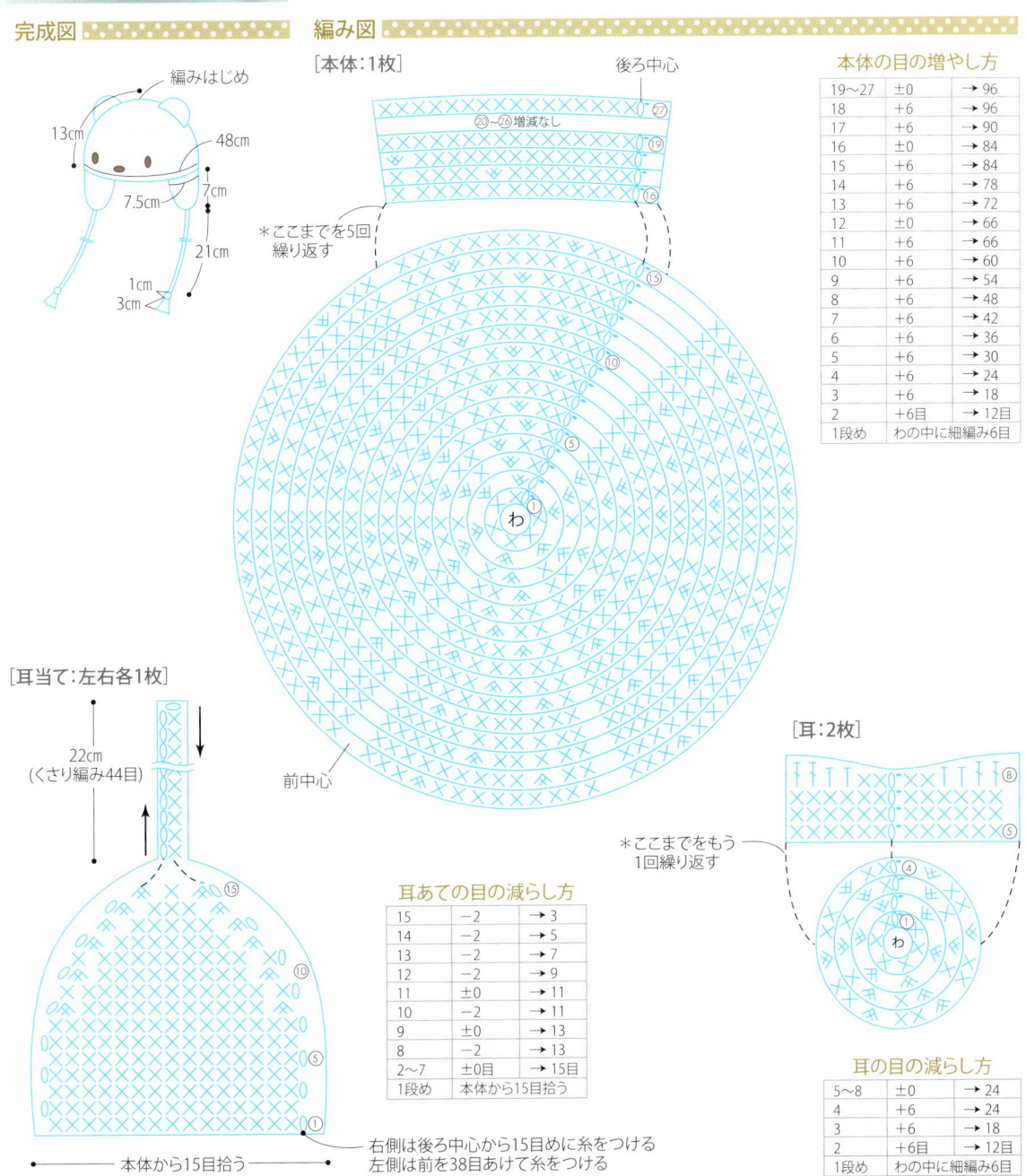

完成図

13cm / 48cm / 7.5cm / 7cm / 21cm / 1cm / 3cm
編みはじめ

編み図

[本体:1枚]

後ろ中心
⑳〜㉖増減なし
＊ここまでを5回繰り返す
前中心
わ

本体の目の増やし方

段	増減	目数
19〜27	±0	→ 96
18	+6	→ 96
17	+6	→ 90
16	±0	→ 84
15	+6	→ 84
14	+6	→ 78
13	+6	→ 72
12	±0	→ 66
11	+6	→ 66
10	+6	→ 60
9	+6	→ 54
8	+6	→ 48
7	+6	→ 42
6	+6	→ 36
5	+6	→ 30
4	+6	→ 24
3	+6	→ 18
2	+6目	→ 12目
1段め	わの中に細編み6目	

[耳当て:左右各1枚]

22cm (くさり編み44目)

本体から15目拾う
右側は後ろ中心から15目めに糸をつける
左側は前を38目あけて糸をつける

耳あての目の減らし方

段	増減	目数
15	-2	→ 3
14	-2	→ 5
13	-2	→ 7
12	-2	→ 9
11	±0	→ 11
10	-2	→ 11
9	±0	→ 13
8	-2	→ 13
2〜7	±0目	→ 15目
1段め	本体から15目拾う	

[耳:2枚]

＊ここまでをもう1回繰り返す
わ

耳の目の減らし方

段	増減	目数
5〜8	±0	→ 24
4	+6	→ 24
3	+6	→ 18
2	+6目	→ 12目
1段め	わの中に細編み6目	

1　1段めを編みます

1
指先でわを作り、わの中に針を入れ、くさり編みを1目編みます。(立ち目です)
＊わの作り目の編み方は32ページ

2
細編みを6目編みます。
＊細編みの編み方は15ページ

3
わを引き締め、はじめの細編みの目に針を入れ、引き抜き、1段めが編めました。

2　2段めを編みます

1
くさり編みを1目編みます。(立ち目です)

2
同じ目に細編み2目編み入れるを編みます。
＊細編み2目編み入れるの編み方は15ページ

3
細編み2目編み入れるを5回繰り返し、2段めが編めました。

3　18段まで編みます

1
細編みと細編み2目編み入れるを編み図の通りに繰り返し、3段めが編めました。

2
編み図の通りに18段まで編みます。

4　27段まで編みます

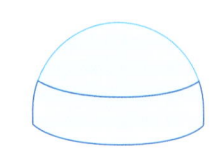

5　耳当てを編みます

細編みで9段編み、27段まで編み図の通りに編みます。

1
後ろ中心から15目めに針を入れ、糸をかけます。

2
そのまま引き抜き、くさり編みを1目編みます。(立ち目です)

3 細編みを15目編み、1段めが編めました。

4 さらに細編みで6段編みます。

5 細編みと細編み2目1度を編み図の通りに編み、8段めが編めました。

6 編み図の通りに15段まで編みます。

7 くさり編みを45目編みます。(1目は立ち目です)

8 細編みで戻ります。

9 15段めの目に針を入れ、糸をかけ、引き抜き、耳当てができました。(同じように反対側も編みます)

6 タッセルを作ります

タッセルの作り方 ❶▶❹

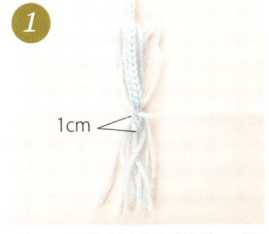

1 12cmの糸を10本切り、ひもの先をはさんで、中心を別糸で結びます。

2 上の糸を下に向けて折り下げます。

3 上から1cmのところを別糸で結びます。

4 3cmに切りそろえます。

5 同じように反対側にもタッセルをつけます。

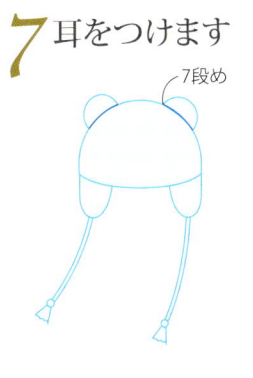

7 耳をつけます

7段め

1 わの作り目で細編みを6目編み、1段めを編みます。

2 細編みと細編み2目編み入れるを編み図の通りに編み、4段めまで編みます。

53

3 細編みで3段編みます。

4 編み図の通りに8段めを編み、二つ折りします。

5 下を巻きかがりでとじます。

6 本体に耳を縫いつけます。

図案
18目
3段
3段
サテンステッチ
(こげ茶・1本)

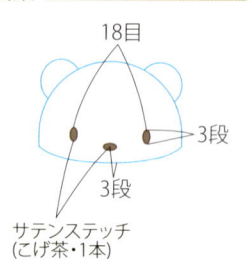

8 刺しゅうをします

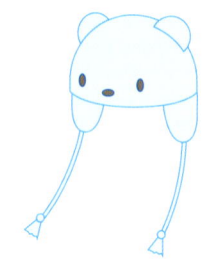

1 顔を刺しゅうします。

2 できあがりです。

First Bears Set

Shoes Bear

ベビーシューズ

毛糸
[ハマナカかわいい赤ちゃん]並太毛糸
黄(11)35g

針
かぎ針 5号　とじ針

その他
25番刺しゅう糸 こげ茶 少々

ゲージ
細編み 10cm24段 / 10cm24目

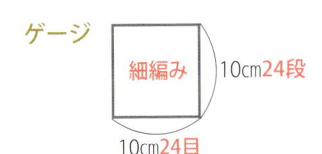

サイズ
足のサイズ 11〜12cm

P39

完成図
3.5cm
底 6cm × 11.5cm

編み図

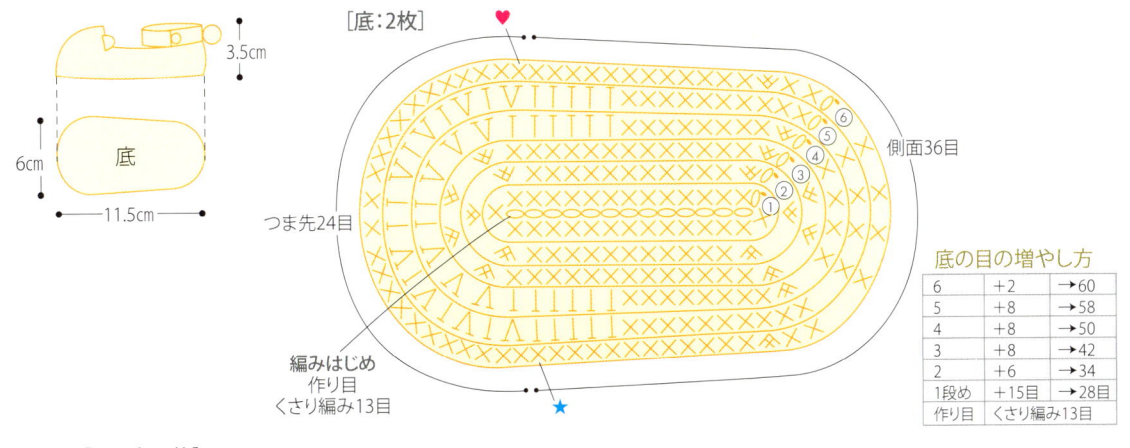

[底:2枚]
側面36目
つま先24目
編みはじめ 作り目 くさり編み13目

底の目の増やし方

段	増減	目数
6	+2	→60
5	+8	→58
4	+8	→50
3	+8	→42
2	+6	→34
1段め	+15目	→28目
作り目	くさり編み13目	

[つま先:2枚]
6目巻きかがりで縫い合わせる
B → Bへ
Cへ
側面□4目と巻きかがり
側面△4目と巻きかがり
底から24目拾う
つま先と側面を続けて細編み1周
♥に糸をつける

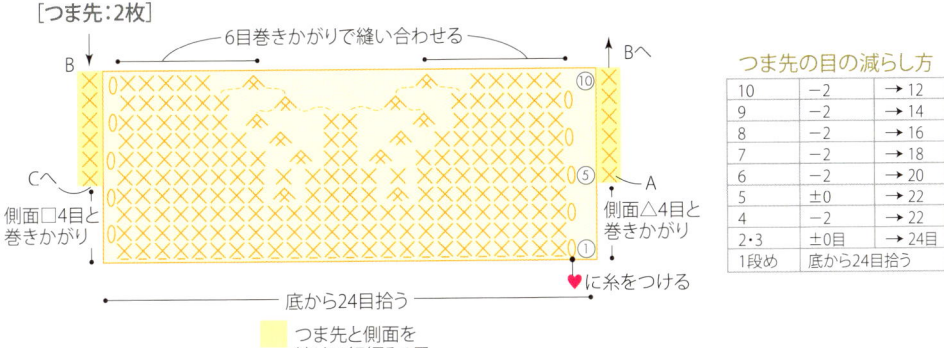

つま先の目の減らし方

段	増減	目数
10	−2	→12
9	−2	→14
8	−2	→16
7	−2	→18
6	−2	→20
5	±0	→22
4	−2	→22
2・3	±0目	→24目
1段め	底から24目拾う	

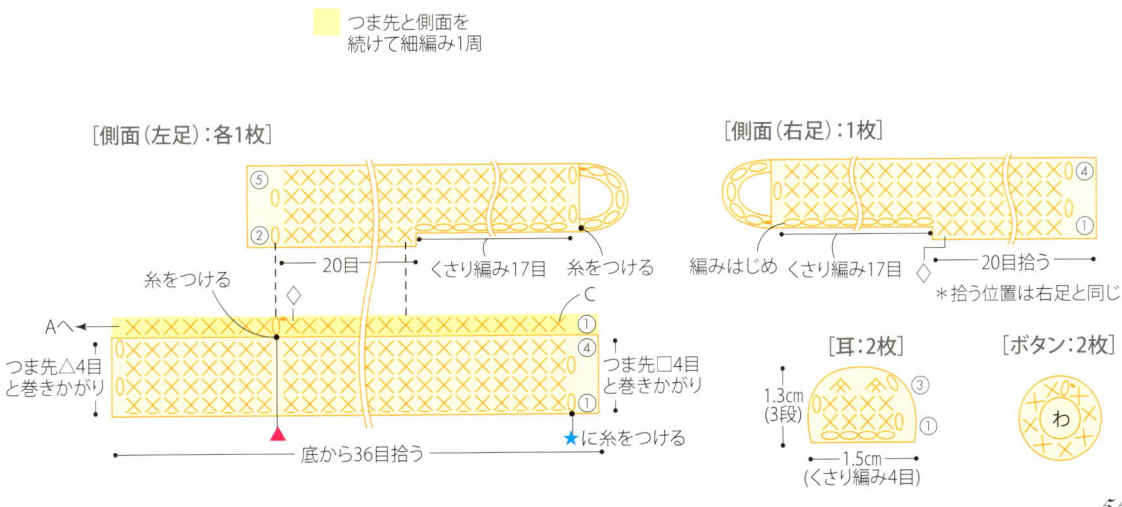

[側面(左足):各1枚]
20目　くさり編み17目　糸をつける
糸をつける
Aへ
つま先△4目と巻きかがり
つま先□4目と巻きかがり
底から36目拾う
★に糸をつける

[側面(右足):1枚]
編みはじめ　くさり編み17目　20目拾う
*拾う位置は右足と同じ

[耳:2枚]
1.3cm (3段)
1.5cm (くさり編み4目)

[ボタン:2枚]
わ

1 底の3段まで編みます

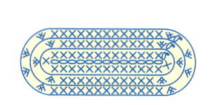

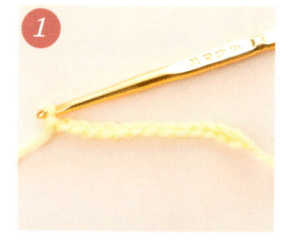

1
くさり編みを14目編みます。
(1目は立ち目です)
＊くさり編みの編み方は15ページ

2
編み図の通りに1段めを編みます。
＊細編み・細編み2目編み入れる
細編み3目編み入れるの編み方は15ページ

3
細編みと細編み2目編み入れるを編み図の通りに編み、3段めまで編めました。

2 6段まで編みます

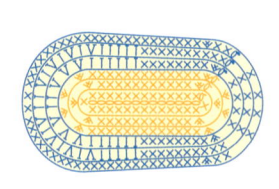

1
編み図の通りに5段まで編みます。

2
細編みと細編み2目編み入れるを編み図の通りに編み、6段めが編めました。

3 つま先を編みます

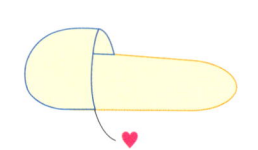

細編みのすじ編みの編み方 3 ▶ 4

1
前中心から12目め(♥)に針を入れ、糸をかけます。

2
そのまま引き抜き、くさり編みを1目編みます。(立ち目です)

3
前段の向こう側の目を1本すくうように針を入れます。

4
細編みを編みます。(細編みのすじ編みが1目できました)

5
さらに細編みのすじ編みを23目編み、1段めが編めました。

6
細編みで1段編みます。

7
細編みでもう1段編みます。

8
細編みと細編み2目1度を編み図の通りに編み、4段めが編めました。

4 側面を編みます

9 編み図の通りに10段まで編みます。

10 10段めを半分に折り、巻きかがりでとじます。

11 つま先ができました。

1 前中心から13目め(★)に針を入れ、糸をかけます。

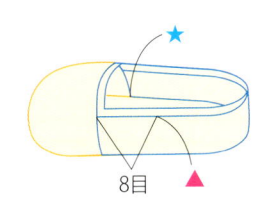

2 そのまま引き抜き、くさり編みを1目編みます。(立ち目です)

3 前段の向こう側の目を1本すくうように針を入れます。

4 細編みを編みます。

5 さらに細編みのすじ編みを35目編み、1段めが編めました。

6 細編みで3段編みます。

7 つま先と側面を巻きかがりでとじます。

8 つま先の端から8目め(▲)に針を入れ、糸をかけます。

9 そのまま引き抜き、くさり編みを1目編みます。(立ち目です)

10 細編みを編みます。

11 細編みで1周編みます。

12 裏に返し、くさり編み1目(立ち目)と細編みを編みます。

5 ベルトを編みます

13 さらに細編みを19目編みます。

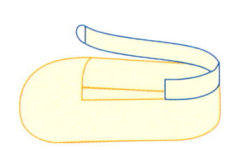

1 くさり編みを18目編みます。（1目は立ち目です）

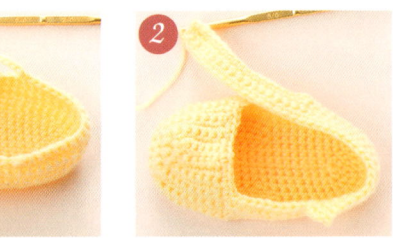

2 細編みで3段編み、ベルトの先に糸をつけます。

3 くさり編みを5目編みます。

4 反対の角に針を入れます。

5 針に糸をかけ、そのまま引き抜き、糸を始末します。

6 ボタンを編みます

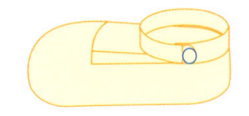

1 わの作り目で細編みを8目編みます。
＊わの作り目の編み方は32ページ

2 とじ針で目を交互にすくいます。

3 絞ります。

4 下を十字に縫いとめます。

5 くつにボタンを縫いつけます。

6 くつができました。

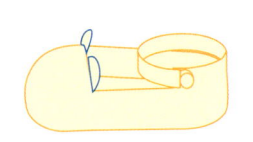

7 耳を編みます

1 くさり編みを5目編みます。（1目は立ち目です）

② 細編みで2段編みます。

③ 3段めは細編み2目1度を2回編み、耳ができました。
(もう1枚編みます)

④ くつに耳を立つように縫いつけます。

⑤ 耳がつきました。

8 しっぽを作り、つけます

ポンポンの作り方 ①▶④

① できあがりの直径より1cm大きい厚紙を用意し、糸を50回巻きます。

② 中心を2回しばります。しばった糸は残しておきます。

③ 厚紙に巻きつけた毛糸の両端を切ります。

ポンポンの作り方

④ 丸くなるように直径2cmに整えながら切ります。

⑤ 後ろ中心に縫いつけます。

9 刺しゅうをします

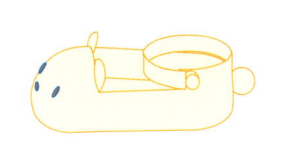

① 顔を刺しゅうします。
7段

実物大の図案
サテンステッチ
(こげ茶・6本)

② 左足のできあがりです。
(同じように右足も作ります。ベルトの編み図が左右反対になります)

Shous Bear

59

CHAPTER 3
Best Clothes

うまれてくる赤ちゃんに……
1枚はプレゼントしたい
優しい白のアフガンです。

小さなモチーフをつなぎ合わせています。
くるんだり、ブランケットとして、長く使えます。
洗える糸で編んでいるので、白でも安心です。

Afghan

Afghan ベビーアフガン

毛糸
[ハマナカかわいい赤ちゃん] 並太毛糸
生成(2)450g

針
かぎ針 5号　とじ針

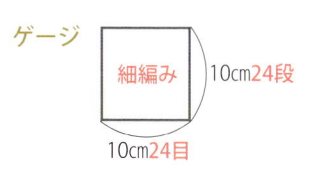

ゲージ
細編み　10cm24段　10cm24目

サイズ
幅 80cm　高さ 80cm

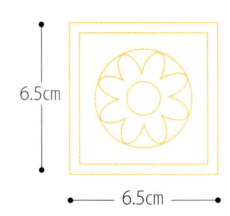

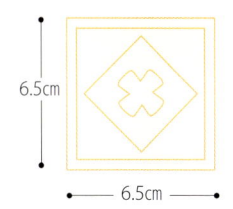

完成図

6.5cm × 6.5cm

編み図

[本体A:61枚]

[本体B:60枚]

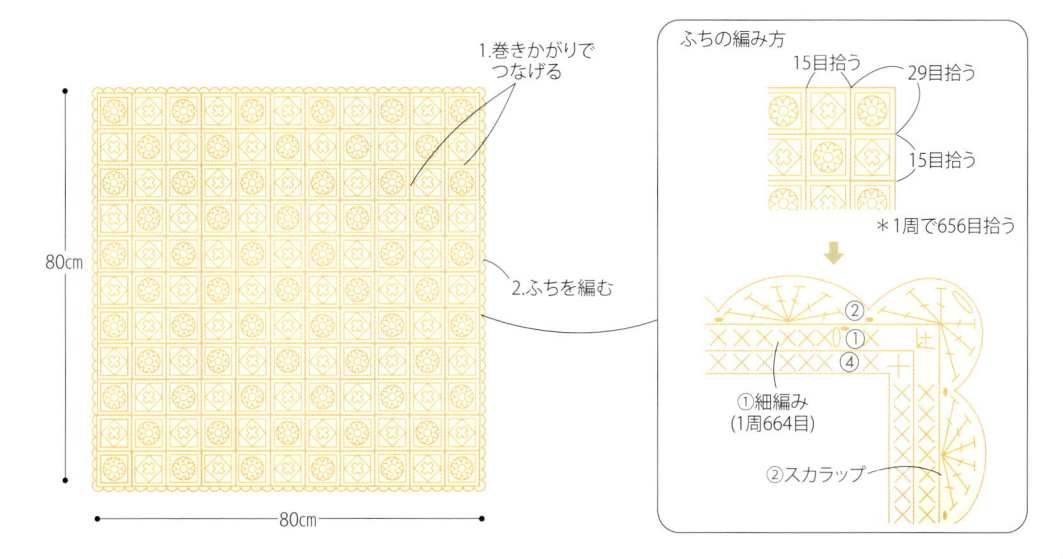

1. 巻きかがりでつなげる
2. ふちを編む

80cm × 80cm

ふちの編み方

15目拾う　29目拾う　15目拾う

＊1周で656目拾う

① 細編み (1周664目)
② スカラップ

61

1 Aの1段めを編みます

1
指先でわを作り、わの中に針を入れ、くさり編みを1目編みます。(立ち目です)
＊わの作り目の編み方は32ページ

2
細編みを8目編みます。
＊細編みの編み方は15ページ

3
わを引き締め、はじめの細編みの目に針を入れ、引き抜き、1段めが編めました。

2 2段めを編みます

くさり編みと長々編み2目の玉編みの編み方 ①▶⑧

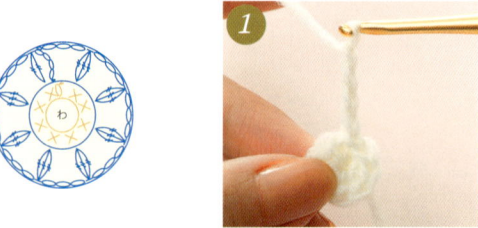

1
くさり編みを4目編みます。(立ち目です)

2
針に糸を2回かけ、同じ目に針を入れ、もう1度針に糸をかけます。

3
そのまま引き抜きます。

くさり編みと長々編み2目の玉編みの編み方

4
針に糸をかけ、2目引き抜くを2回繰り返します。

5
針に糸をかけ、同じ目に針を入れ、もう1度針に糸をかけます。

6
そのまま引き抜きます。

7
針に糸をかけ、2目引き抜くを2回繰り返します。

くさり編みと長々編み2目の玉編みの編み方

8
針に糸をかけ、1度に引き抜きます。(くさり編みと長々編み2目の玉編みができました)

9
くさり編みを3目編みます。

長々編み3目の玉編みの編み方 ⑩▶⑭

10
針に糸を2回かけ、次の目に針を入れ、もう1度針に糸をかけます。

11
そのまま引き抜きます。

長々編み3目の玉編みの編み方

12 針に糸をかけ、2目引き抜くを2回繰り返します。

13 同じ目に⑩〜⑫を2回繰り返します。

14 針に糸をかけ、1度に引き抜きます。(長々編み3目の玉編みができました)

15 くさり編み3目と長々編み3目の玉編みを編み図の通りに繰り返し、2段めが編めました。

3 4段まで編みます

1 くさり編みを4目編みます。(3目は立ち目です)

2 針に糸をかけ、前段のくさり編みを束ですくいます。

3 長編みを編みます。
＊長編みの編み方は18ページ

4 さらに長編み2目・くさり編み3目・長編み3目を編みます。

5 くさり編みと長編みを編み図の通りに繰り返し、3段めが編めました。

6 細編みで4段めを編み、Aができました。(61枚作ります)

4 Bを編みます

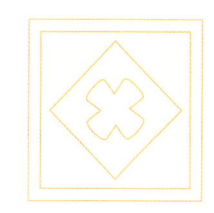

1 わの作り目でくさり編みと長編みを編み図の通りに編み、1段めが編めました。

2 編み図の通りに2段めを編みます。

3 編み図の通りに3段めを編みます。

4 編み図の通りに4段めを編み、Bができました。(60枚作ります)

63

5 つなぎます

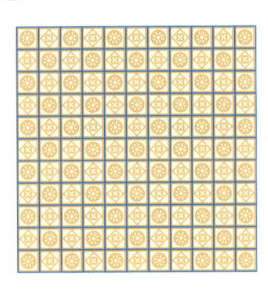

巻きかがりの仕方 ①

1 AとBを巻きかがりでつなぎます。

2 縦につながりました。AとB交互に縦に11枚つなぎ、それを11枚作ります。

3 11枚を横に巻きかがりでつなげていきます。

6 まわりを編みます

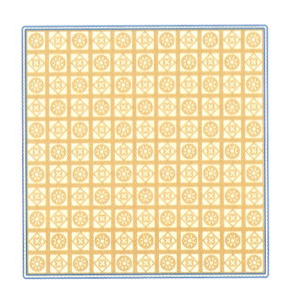

1 まわりを細編みで編み、角で細編み3目編み入れるを編みます。

2 1周編み、はじめの細編みの目に針を入れ、糸をかけ、引き抜きます。

3 針に糸をかけ、3目先に針を入れます。

4 長編みを編みます。

5 さらに同じ目に長編みを5目編みます。

6 3目先に引き抜きます。

7 ③〜⑥を繰り返し、角の2目手前まで編みます。

8 針に糸をかけ、角に針を入れます。

9 長編みを3目編みます。

10 さらに同じ目にくさり編み1目と長編み3目を編みます。

11 2目先に引き抜きます。③〜⑪を繰り返して1周編み、できあがりです。

逆引きインデックス

この本で使われた編み記号や編み方です。
編み図でわからないことがあったら、ここを見ればすぐにわかります。

作り目のはじめ……………13	中長編み2目1度(減らし目)…17
作り目の編み方……………15	長編み2目編み入れる………79
わの作り目の編み方………32	長編み2目1度(減らし目)……79
○ くさり編み………………15	長編み1目交差………………21
× 細編み……………………15	長編み2目の玉編み…………75
T 中長編み…………………16	くさり編みと
〒 長編み……………………18	長々編み2目の玉編み……62
〒 長々編み…………………79	長々編み3目の玉編み………62
• 引き抜き編み……………15	糸の取り出し方………………13
細編み2目編み入れる……15	糸と針の持ち方………………13
細編み3目編み入れる……15	ピコット編み…………………23
細編み2目1度(減らし目)……18	別糸のつけ方…………………22
細編みのすじ編み…………56	巻きかがりの仕方……………64
細編みの表引き上げ編み……76	引き抜きはぎの仕方…………49
細編みの裏引き上げ編み……16	タッセルの作り方……………53
V 中長編み2目編み入れる……16	ポンポンの作り方……………59

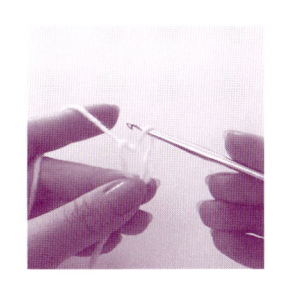

P7 First Cape Blue

ケープ

毛糸
[ハマナカかわいい赤ちゃん]並太毛糸
生成(2)170g、ブルー(6)15g

針
かぎ針5号　とじ針

その他
サテンリボン 白[1.8cm幅]85cm

ゲージ
模様編み10cm角
25目24段
＊1～7段めの模様

サイズ
幅77cm
長さ39.5cm

完成図

39.5cm
77cm

編み図
[本体:1枚]　□白　■ブルー

色かえ
74段めから続けてふちを編む
⑥7～⑦1模様を繰り返す
リボン通し位置
★を6回繰り返す
編みはじめ
74cm(くさり編み186目)

作り方

1. 本体を編み、リボンを通します。

リボン83cm
本体

2. できあがりです。

リボン結び

P8・P24 First Rabbit Pink　　P10・P25 First Bear White

毛糸
[ハマナカわんぱくデニス]並太毛糸
<うさぎ>ピンク(5)30g
<くま>白(1)30g

針
かぎ針5号　とじ針

その他
サテンリボン 白[1.5cm幅]各35cm
25番刺しゅう糸 こげ茶 各少々
手芸綿 各適量

ゲージ
細編み10cm角
20目21段

サイズ
うさぎ　　くま
幅12cm　　幅12cm
高さ19.5cm　高さ17cm

編み図
＊うさぎの耳以外は30～34ページ、ベビーベアと同じです

[うさぎの耳:2枚]

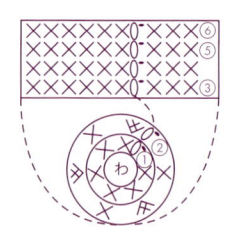

耳の目の増やし方

段	増やし目	目数
3～6	±0	→9
2	+3目	→9
1段め	わの中に細編み6目	

P6・P8 First Socks Blue & First Socks Pink 靴下

毛糸
[ハマナカかわいい赤ちゃん]並太毛糸
＜共通＞生成(2)各20g ＜ブルー＞ブルー(6)5g
＜ピンク＞ピンク(4)5g

針
かぎ針5号 とじ針

ゲージ
模様編み10cm角
25目24段

サイズ
足のサイズ
10～11cm

完成図

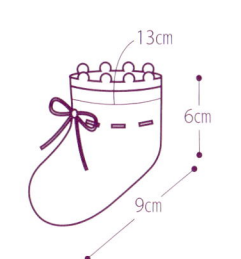

13cm / 6cm / 9cm

編み図

□ 白　■ ブルー・ピンク

[本体:左右各1枚]

・本体・

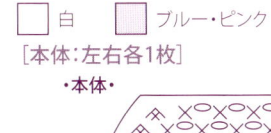

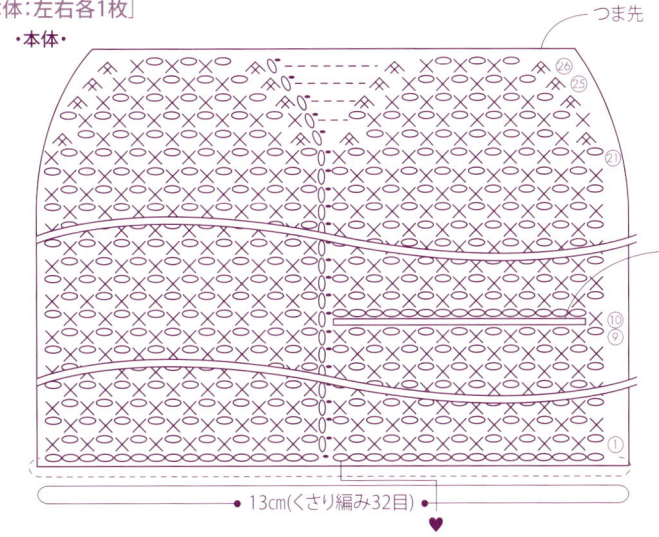

つま先

かかと穴(10段で模様編みを17目編み、くさり編みを15目編み、はじめの目に引き抜く)

・13cm(くさり編み32目)・

本体の目の増減の仕方

	かかと	
4	−4	→ 20
3	−4	→ 24
2	−4目	→ 28目
1	かかと穴から32目拾う	
	本　体	
26	−4	→ 16
25	−4	→ 20
24	−4	→ 24
23	±0	→ 28
22	−4	→ 28
1～21段	±0目	→ 32目
作り目	くさり編み32目	

・履き口・

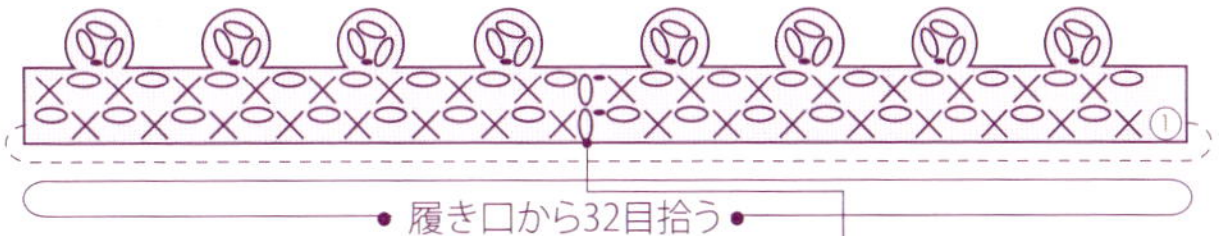

履き口から32目拾う

♥に糸をつける

・かかと・

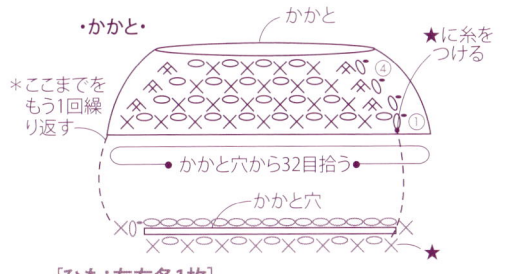

かかと

★に糸をつける

＊ここまでをもう1回繰り返す

かかと穴から32目拾う

かかと穴

[ひも:左右各1枚]

32cm(くさり編み80目)

作り方

❶ 本体を編みます。

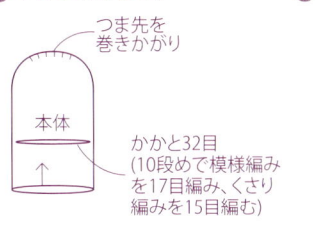

つま先を巻きかがり

本体

かかと32目(10段で模様編みを17目編み、くさり編みを15目編む)

❷ 履き口を編みます。

履き口

❸ かかととひもを編み、ひもを通し、できあがりです。

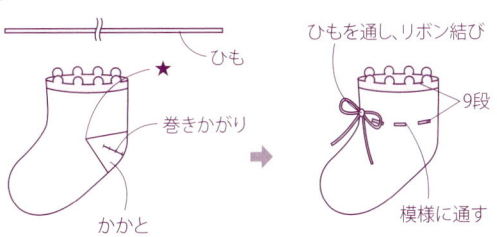

ひも

巻きかがり

かかと

ひもを通し、リボン結び

9段

模様に通す

ベビーラビット＆ベア

作り方

＊うさぎの耳以外は30～34ページ、ベビーベアと同じです

[うさぎ] 下を折って縫いつける　19.5cm　12cm

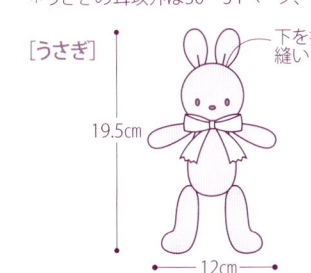

[くま]

67

P9 First Flower Cape

ケープ

毛糸
[ハマナカカプール]並太毛糸
ピンク(4)105g、白(1)35g

針
かぎ針6号　とじ針
その他
サテンリボン 白[1.8cm幅]80cm

ゲージ
模様編み10cm角
16目10段

サイズ
幅73cm
長さ40cm

完成図

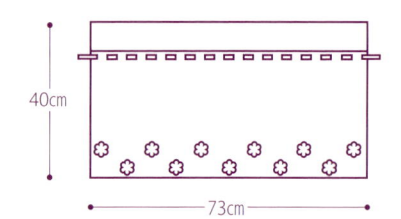

40cm × 73cm

編み図

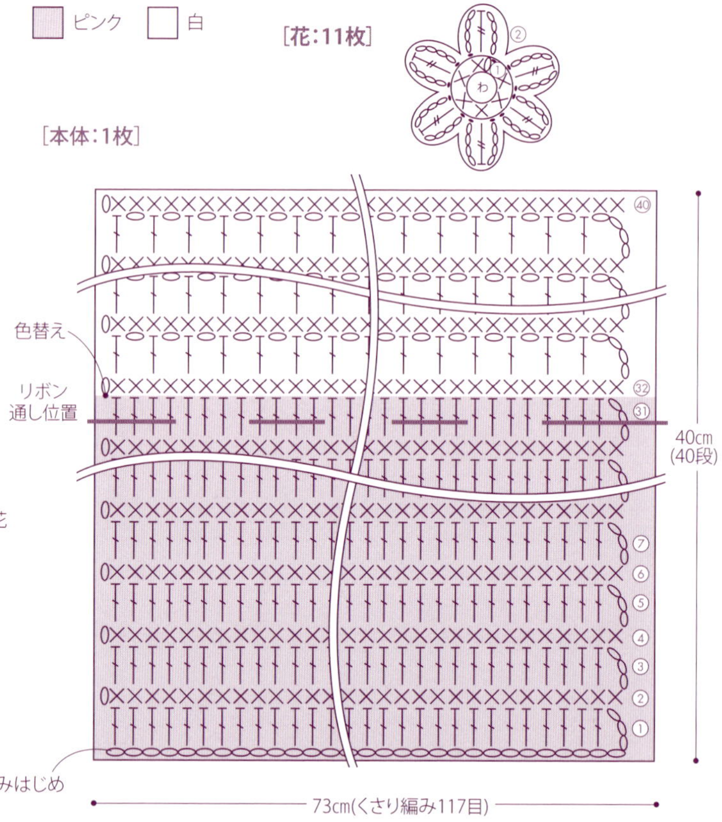

■ ピンク　□ 白

[花:11枚]
[本体:1枚]

色替え
リボン通し位置
40cm（40段）
編みはじめ
73cm（くさり編み117目）

作り方

① 本体と花を編み、花をつけ、リボンを通します。

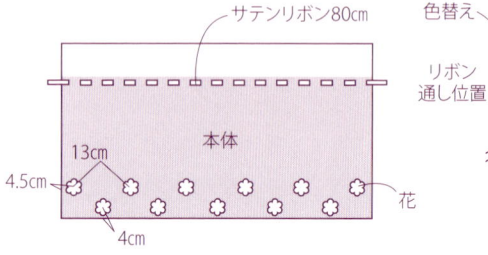

サテンリボン80cm
本体
13cm
4.5cm
4cm
花

② できあがりです。
リボン結び

P29 Nigi-nigi Rabbit

ニギニギ

毛糸
[ハマナカポームベビーカラー]並太毛糸 オレンジ
(92)15g、ピンク(91)10g
[ハマナカポーム<草木染め>]並太毛糸 グレー(55)少々

針
かぎ針5号　とじ針
その他
手芸綿 適量

ゲージ
細編み10cm角
20目24段

サイズ
幅9cm
高さ16cm

編み図

＊耳以外の編み図は35〜37ページ、ベアのニギニギと同じです

[耳:2枚]
※④〜⑦は増減なし
＊ここまでをもう1回繰り返す

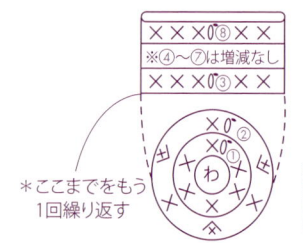

耳の増減の仕方

段	増減	目数
3〜8	±0	→9
2	+3	→9
1段め	わの中に細編み6目	

作り方

＊作り方は35〜37ページ、ベアのニギニギと同じです

耳に綿を入れ、縫いつける
1目
ピンク
グレー
オレンジ
16cm
9cm

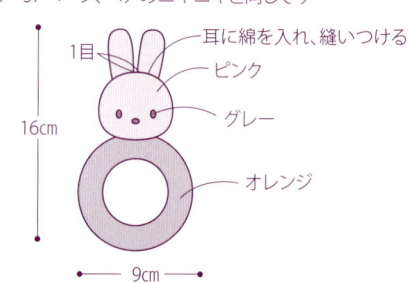

P11 First Vest

ベスト

毛糸
[ハマナカループル]並太毛糸 白(1)85g

針
かぎ針6号　とじ針
その他
サテンリボン 白[1.5cm幅]110cm

ゲージ
細編み10cm角
17目18段

サイズ
身幅26cm
着丈32cm

完成図
- 26cm
- 32cm
- 52cm

編み図
[本体:1枚]

- 肩 16目
- 後ろ中心を12目あけて糸をつける
- 20段　細編み44目増減なし
- ♥に糸をつける
- 肩 4
- 16目拾う
- 2 22目
- ★
- 3 44目
- リボン通し位置
- 1 編みはじめ
- 52cm(くさり編み88目)
- 12.5cm (23段)
- 20cm (34段)
- 肩
- 2
- 22目拾う
- ★に糸をつける

作り方

1. 本体を編みます。
   - ★に糸をつける
   - 後ろ中心を12目あけて糸をつける
   - 2　22目拾う
   - 4
   - 3　44目拾う
   - 1
   - ♥に糸をつける

2. 肩をはぎ、リボンを通し、できあがりです。
   - 巻きかがり
   - サテンリボン 110cm
   - リボン結び

P12 First Shoes Pink

ベビーシューズ

毛糸
[ハマナカかわいい赤ちゃん]
並太毛糸 ピンク(4)30g
針
かぎ針5号　とじ針
その他
サテンリボン 白[0.9cm幅]80cm

ゲージ
細編み10cm角
24目24段

サイズ
足のサイズ
10〜11cm

編み図・作り方
*編み図・作り方は14〜19ページ、ベビーシューズと同じです

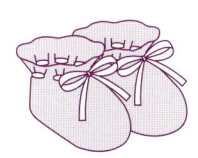

69

First Bed Merry

P26・P27

毛糸
[ハマナカかわいい赤ちゃん]並太毛糸
<くま>黄(11)20g <マスコット>ピンク(5)・ブルー(6)・黄(11)・オレンジ(20)各15g、グリーン(14)10g <ポンポン>ピンク(5)20g、ブルー(6)・黄(11)・グリーン(14)各15g、オレンジ(20)10g <支柱>ブルー(6)25g

針
かぎ針5号 とじ針 縫い針

その他
サテンリボン 白[0.9cm幅]<A>75cm<B>170cm、[0.3cm幅]<A>420cm<B>170cm
25番刺しゅう糸 こげ茶・白 各少々
手芸綿 適量
アルミワイヤー <A>[太さ0.3cm]115cm

ゲージ
細編み10cm角
21目22段

サイズ
A 幅18cm 高さ55cm
B 幅35・28cm 高さ18・16cm

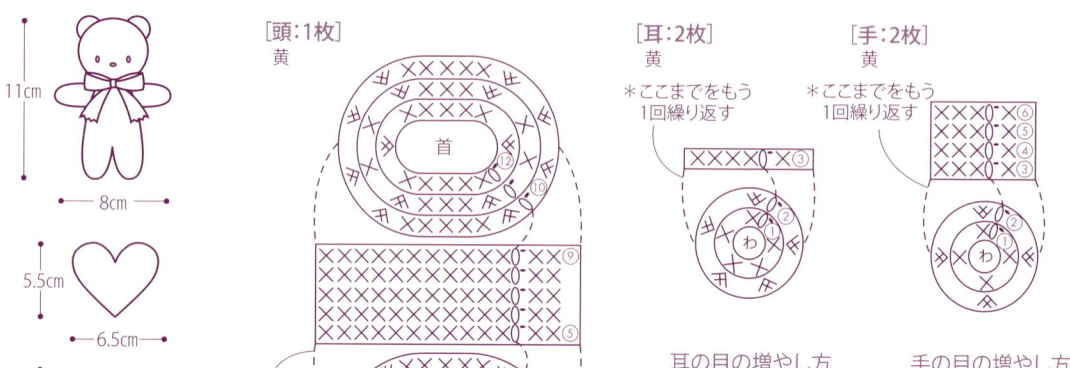

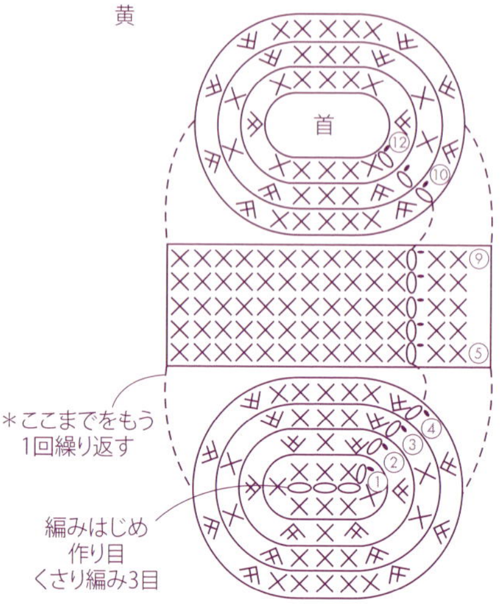

完成図

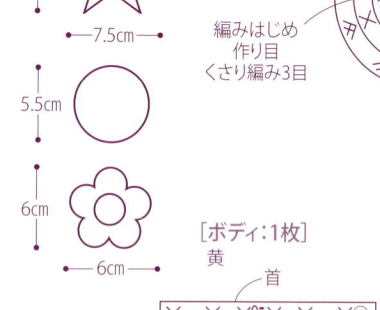

11cm / 8cm
5.5cm / 6.5cm
7cm / 7.5cm
5.5cm
6cm / 6cm

編み図

[頭:1枚] 黄
[耳:2枚] 黄
[手:2枚] 黄
*ここまでをもう1回繰り返す
編みはじめ 作り目 くさり編み3目

耳の目の増やし方

3	±0	→ 10
2	+5目	→ 10目
1段め	わの中に細編み5目	

手の目の増やし方

3〜6	±0	→ 8
2	+4目	→ 8目
1段め	わの中に細編み4目	

[ハート:各2枚] ピンク・オレンジ
糸をつける
編みはじめ 作り目 くさり編み1目

[ボディ:1枚] 黄
♥に糸をつける
左足から10目拾う 右足から10目拾う
10目 / 10目
*ここまでをもう1回繰り返す
・左足・ ・右足・

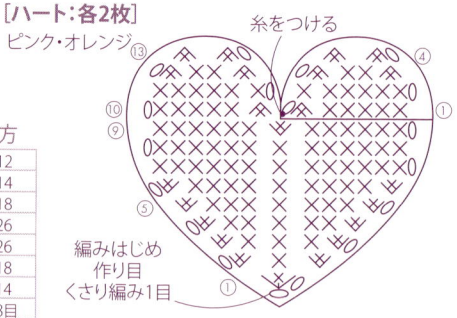

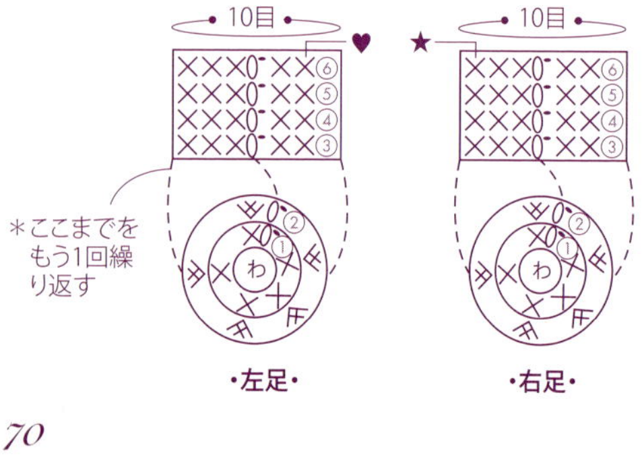

頭の目の増減の仕方

12	−2	→ 12
11	−4	→ 14
10	−8	→ 18
5〜9	±0	→ 26
4	+8	→ 26
3	+4	→ 18
2	+6	→ 14
1段め	+5目	→ 8目
作り目	くさり編み3目	

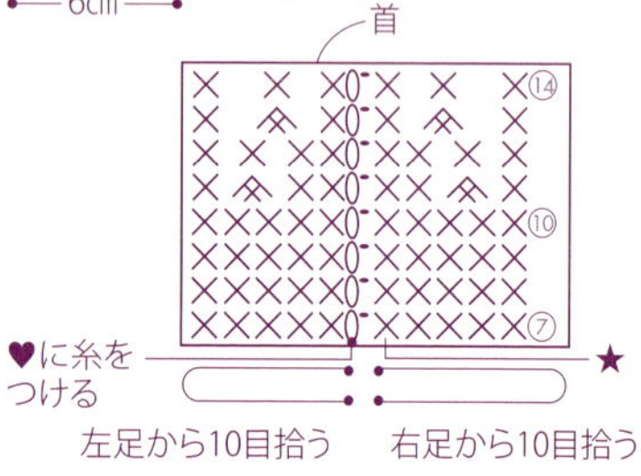

ボディの目の増減の仕方

14	±0	→ 12
13	−4	→ 12
12	±0	→ 16
11	−4	→ 16
7〜10	±0	→ 20目
	左右の足から10目ずつ拾う	
3〜6	±0	→ 10
2	+5目	→ 10目
1段め	わの中に細編み5目	

ハートの目の増減の仕方

13(4)	−2	→ 2
12(3)	−2	→ 4
11(2)	±0	→ 6
10(1)	−1目	→ 6目
	9段から7目ずつ拾う	
9	+1	→ 14
7・8	±0	→ 13
6	+2	→ 13
5	+2	→ 11
4	+2	→ 9
3	+2	→ 7
2	+2	→ 5
1段め	+2目	→ 3目
作り目	くさり編み1目	

実物大図案

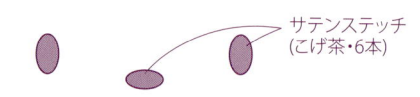

サテンステッチ (こげ茶・6本)

ベッドメリー

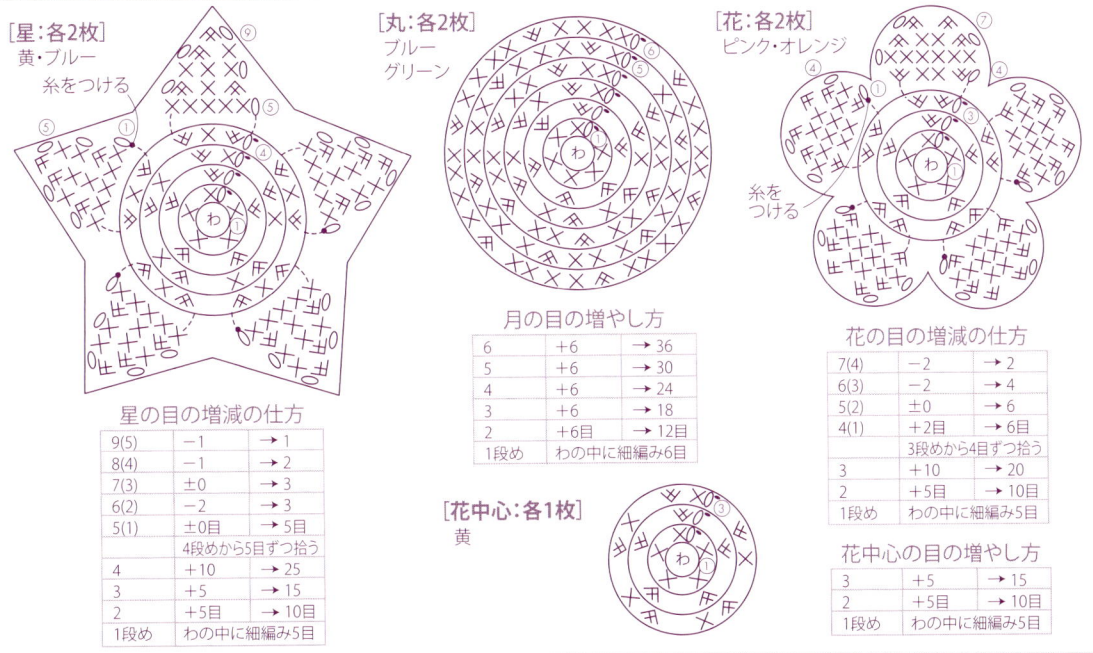

[星:各2枚] 黄・ブルー
糸をつける

[丸:各2枚] ブルー・グリーン

[花:各2枚] ピンク・オレンジ
糸をつける

月の目の増やし方

6	+6	→ 36
5	+6	→ 30
4	+6	→ 24
3	+6	→ 18
2	+6目	→ 12目
1段め	わの中に細編み6目	

[花中心:各1枚] 黄

星の目の増減の仕方

9(5)	−1	→ 1
8(4)	−1	→ 2
7(3)	±0	→ 3
6(2)	−2	→ 3
5(1)	±0目	→ 5目
	4段から5目ずつ拾う	
4	+10	→ 25
3	+5	→ 15
2	+5目	→ 10目
1段め	わの中に細編み5目	

花の目の増減の仕方

7(4)	−2	→ 2
6(3)	−2	→ 4
5(2)	±0	→ 6
4(1)	+2目	→ 6目
	3段から4目ずつ拾う	
3	+10	→ 20
2	+5目	→ 10目
1段め	わの中に細編み5目	

花中心の目の増やし方

3	+5	→ 15
2	+5目	→ 10目
1段め	わの中に細編み5目	

作り方

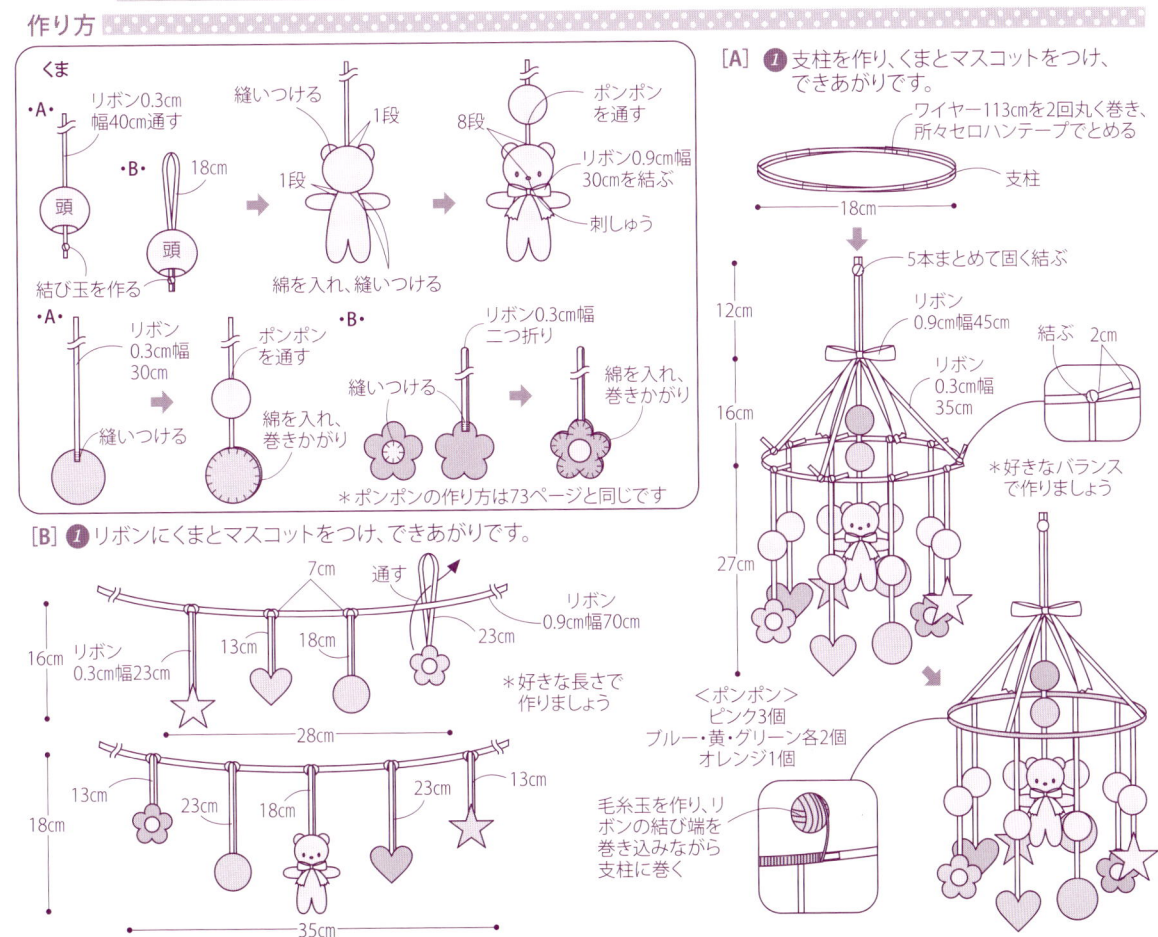

くま
・A・ リボン0.3cm幅40cm通す
頭
結び玉を作る

・B・ 18cm
頭

・A・ リボン0.3cm幅30cm
ポンポンを通す
縫いつける

・B・ リボン0.3cm幅二つ折り
縫いつける
綿を入れ、巻きかがり

縫いつける 1段
綿を入れ、縫いつける

ポンポンを通す 1段 8段
リボン0.9cm幅30cmを結ぶ
刺しゅう

綿を入れ、巻きかがり

＊ポンポンの作り方は73ページと同じです

[A] ① 支柱を作り、くまとマスコットをつけ、できあがりです。

ワイヤー113cmを2回丸く巻き、所々セロハンテープでとめる
支柱
18cm

5本まとめて固く結ぶ
リボン0.9cm幅45cm
結ぶ 2cm
リボン0.3cm幅35cm
12cm
16cm
27cm
＊好きなバランスで作りましょう

<ポンポン>
ピンク3個
ブルー・黄・グリーン各2個
オレンジ1個

毛糸玉を作り、リボンの結び端を巻き込みながら支柱に巻く

[B] ① リボンにくまとマスコットをつけ、できあがりです。

7cm
通す
リボン0.9cm幅70cm
リボン0.3cm幅23cm
16cm
13cm 18cm 23cm
28cm
＊好きな長さで作りましょう

18cm
13cm 23cm 18cm 23cm 13cm
35cm

Nigi-nigi Ship & Nigi-nigi Cake

毛糸
[ハマナカポームベビーカラー]並太毛糸 ＜船＞ブルー(95)・グリーン(94)・黄(93)・オレンジ(92)各5g
＜ケーキ＞ピンク(91)・オレンジ(92)・黄(93)各5g
[ハマナカポームコットンリネン]並太毛糸 ＜共通＞
白(201)各5g

針
かぎ針5号　とじ針
その他
手芸綿 各適量

ゲージ
細編み10cm角
20目24段

サイズ
船　幅6cm　高さ16cm
ケーキ　幅5cm　高さ16cm

完成図

編み図

[えんとつ:1枚] オレンジ
＊ここまでをもう1回繰り返す

[船下(側面):1枚] ブルー
編みはじめ 作り目 くさり編み7目

えんとつの目の増減の仕方
2～3	±0目	→6目
1段め	わの中に細編み6目	

作り方

1. パーツを編み、組み立て、できあがりです。

[船]
船下(側面) / 船下(底) / えんとつに綿を入れ、縫いつける / 綿を入れ、縫いつける / 船上 / 綿を入れ、縫いつける / 筒に綿を入れ、船に縫いつける / 窓を縫いつける

[船上:1枚] グリーン
＊ここまでをもう1回繰り返す
編みはじめ 作り目 くさり編み7目

船上の目の増減の仕方
2～3	±0	→16
1段め	+9目	→16目
作り目	くさり編み7目	

船下(側面)の目の増減の仕方
7	−2	→27
6	±0	→29
5	−2	→29
4	±0	→31
3	+6	→31
2	+7	→25
1段め	+11目	→18目
作り目	くさり編み7目	

[ケーキ]
ケーキ下(側面) / ケーキ下(底) / 縫いつける / 綿を入れ、縫いつける / ケーキ上 / いちご大 / いちご小 / 綿を入れ、縫いつける / 筒に綿を入れ、ケーキに縫いつける

[球:1枚]
船…グリーン
ケーキ…オレンジ
＊筒を続けて編む
＊ここまでをもう1回繰り返す

[窓:2枚] 白

[船下(底):1枚] ブルー
編みはじめ 作り目 くさり編み5目

[筒:1枚] □白 ■黄
色替え★に糸をつける
球から12目拾う

球の目の増減の仕方
10	±0	→12
9	−6	→12
8	−4	→18
7～5	±0	→22
4	+4	→22
3	+6	→18
2	+6目	→12目
1段め	わの中に細編み6目	

船下(底)の目の増やし方
3	+6	→27
2	+7	→21
1段め	+9目	→14目
作り目	くさり編み5目	

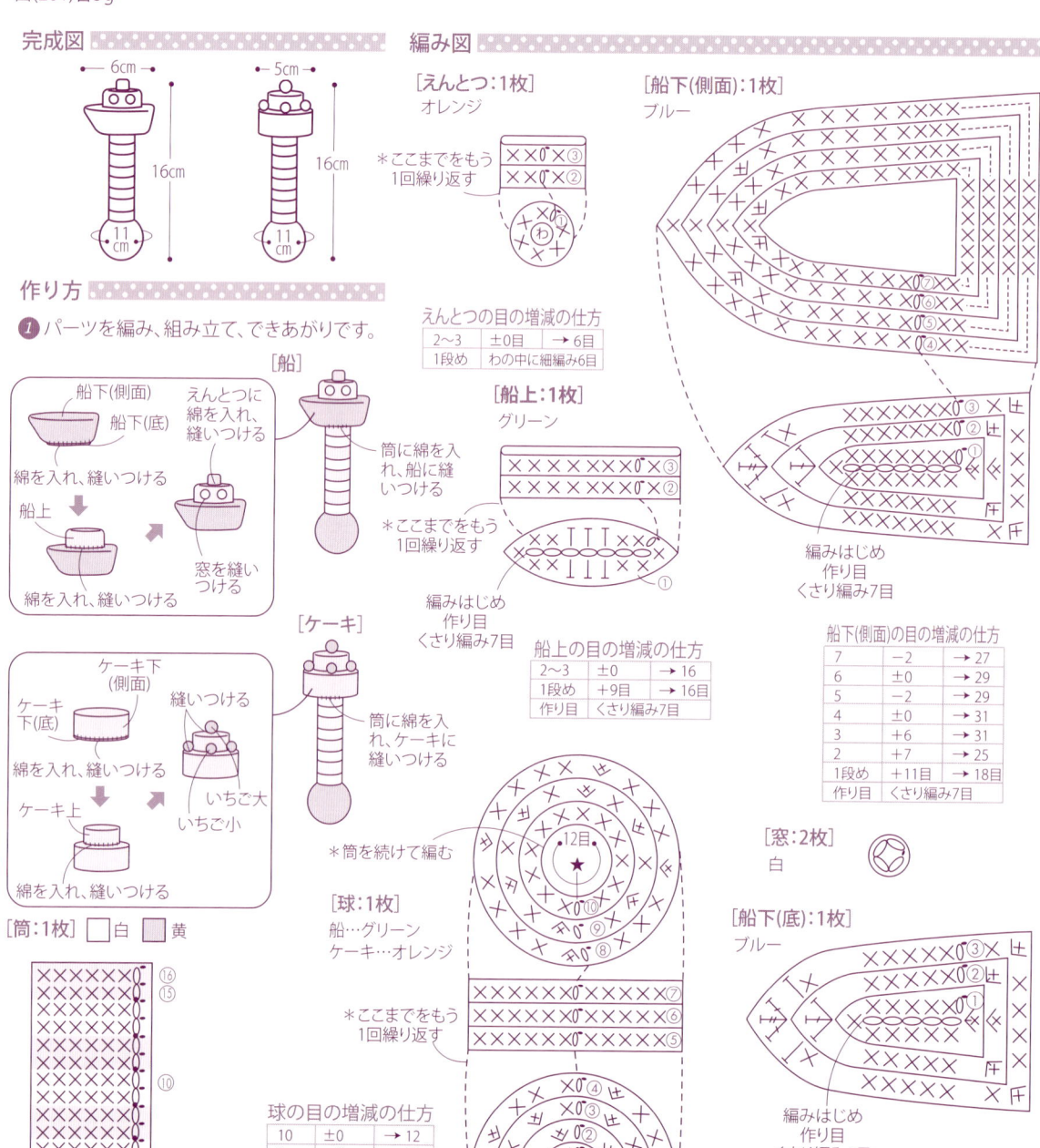

ニギニギ

編み図

[ケーキ下(側面)(底):各1枚] ピンク

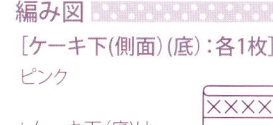

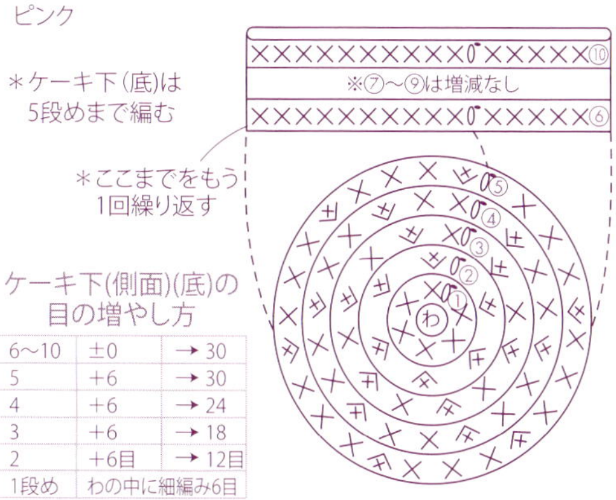

*ケーキ下(底)は5段めまで編む

*ここまでをもう1回繰り返す

ケーキ下(側面)(底)の目の増やし方

6~10	±0	→ 30
5	+6	→ 30
4	+6	→ 24
3	+6	→ 18
2	+6目	→ 12目
1段め	わの中に細編み6目	

[ケーキ上:1枚] ピンク

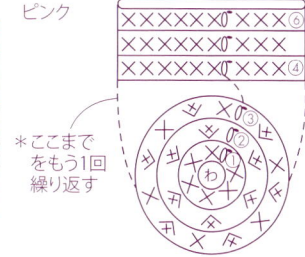

※⑦~⑨は増減なし

*ここまでをもう1回繰り返す

ケーキ上の目の増やし方

4~6	±0	→ 18
3	+6	→ 18
2	+6目	→ 12目
1段め	わの中に細編み6目	

[いちご大:1枚] オレンジ

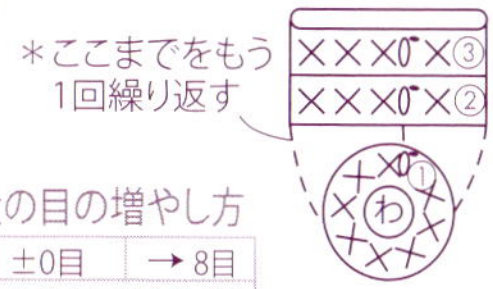

*ここまでをもう1回繰り返す

いちご大の目の増やし方

2~3	±0目	→ 8目
1段め	わの中に細編み8目	

[いちご小:4枚] オレンジ

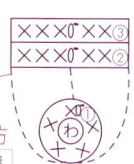

*ここまでをもう1回繰り返す

いちご小の目の増減の仕方

2~3	±0目	→ 5目
1段め	わの中に細編み5目	

P39 Pom-pon Cap 帽子

毛糸 [ハマナカかわいい赤ちゃん]並太毛糸 黄(11)65g

針 かぎ針5号 とじ針

ゲージ 細編み10cm角 21目22段

サイズ 頭まわり48cm 深さ13.5cm

完成図

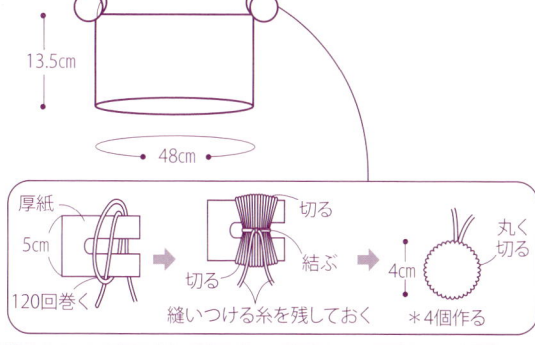

縫いつける
13.5cm
48cm

厚紙 5cm 120回巻く → 切る 結ぶ → 縫いつける糸を残しておく → 4cm 丸く切る *4個作る

編み図

[本体:1枚]

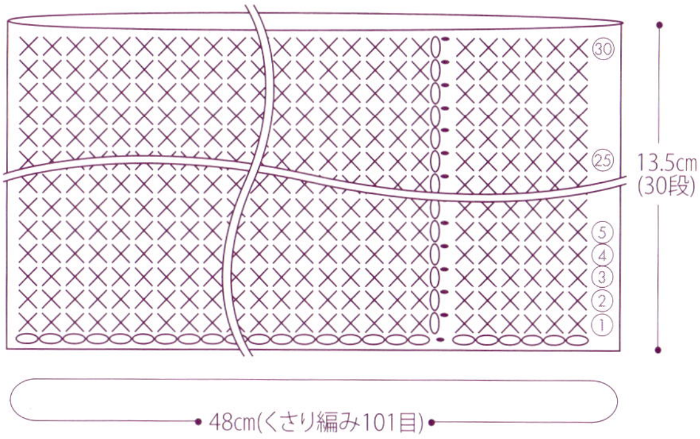

13.5cm(30段)

48cm(くさり編み101目)

P41 Shoes Rabbit ベビーシューズ

毛糸 [ハマナカかわいい赤ちゃん]並太毛糸 ピンク(4)35g

針 かぎ針5号 とじ針

その他 25番刺しゅう糸 こげ茶 少々

ゲージ 細編み10cm角 24目24段

サイズ 足のサイズ 11~12cm

完成図

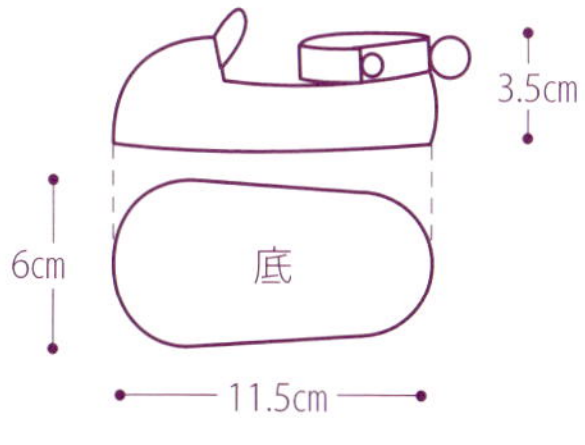

3.5cm
底
6cm
11.5cm

編み図

*耳以外の編み図は55~59ページ、ペアのベビーシューズと同じです

[耳:左右各2枚]

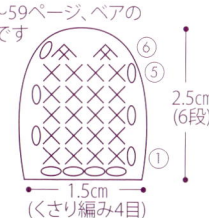

2.5cm(6段)
1.5cm(くさり編み4目)

作り方

*作り方は55~59ページ、ペアのベビーシューズと同じです

1目

P40 Skirt

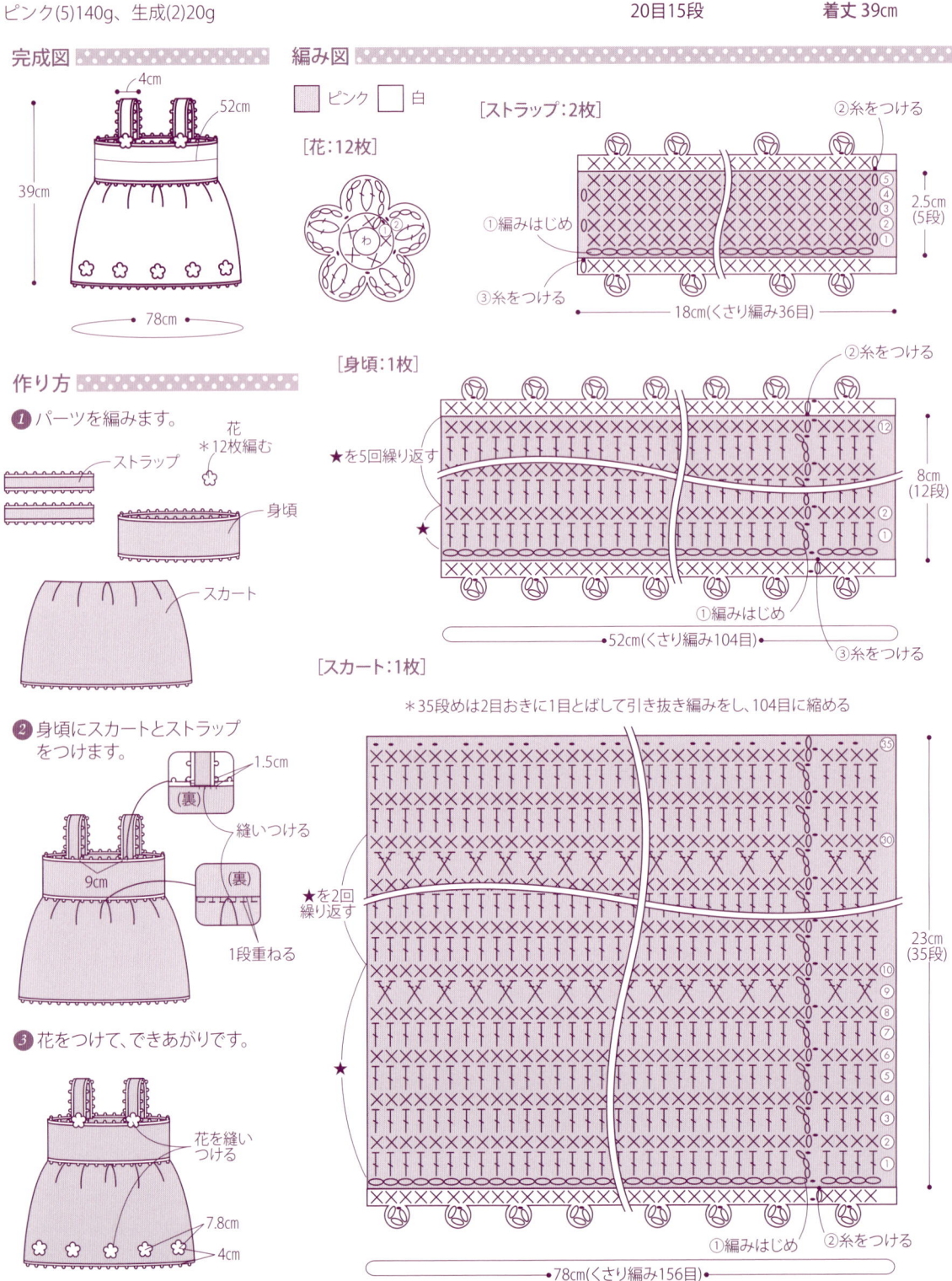

スカート

毛糸
[ハマナカかわいい赤ちゃん]並太毛糸
ピンク(5)140g、生成(2)20g

針
かぎ針5号　とじ針

ゲージ
模様編み10cm角
20目15段

サイズ
身幅26cm
着丈39cm

完成図

- 4cm
- 52cm
- 39cm
- 78cm

編み図

- ピンク
- 白
- 花:12枚

[ストラップ:2枚]
- ②糸をつける
- ①編みはじめ
- ③糸をつける
- 2.5cm(5段)
- 18cm(くさり編み36目)

[身頃:1枚]
- ②糸をつける
- ★を5回繰り返す
- ①編みはじめ
- ③糸をつける
- 8cm(12段)
- 52cm(くさり編み104目)

[スカート:1枚]
※35段めは2目おきに1目とばして引き抜き編みをし、104目に縮める
- ★を2回繰り返す
- 23cm(35段)
- ①編みはじめ
- ②糸をつける
- 78cm(くさり編み156目)

作り方

1 パーツを編みます。
- ストラップ
- 花 ※12枚編む
- 身頃
- スカート

2 身頃にスカートとストラップをつけます。
- 1.5cm
- (裏)
- 縫いつける
- 9cm
- 1段重ねる

3 花をつけて、できあがりです。
- 花を縫いつける
- 7.8cm
- 4cm

Hair Accessory & Hair Pin

P41 ヘアアクセサリー

毛糸
[ハマナカかわいい赤ちゃん]並太毛糸
<ヘアアクセサリー>ピンク(5)10g、生成(2)5g
<ヘアピン>ピンク(5)5g

針
かぎ針5号　とじ針

その他
ヘアピン ピンク2本

ゲージ
細編み10cm角
21目22段

サイズ
ヘアアクセサリー　幅5.5cm　長さ83cm
ヘアピン　幅3cm　長さ4.5cm

完成図

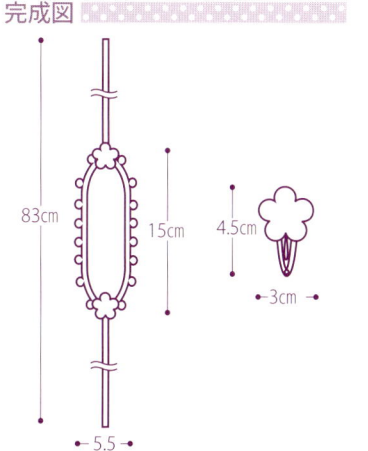

83cm　15cm　4.5cm　-3cm　5.5cm

編み図

□ ピンク　□ 白

[本体:1枚]　色替え　編みはじめ

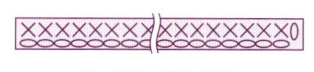

[ひも:2枚]　35cm(くさり編み74目)

[花:各2枚]　わ

本体の目の増減の仕方

段	増減	目数
30	-2	→ 1
29	-1	→ 3
28	±0	→ 4
27	-2	→ 4
25・26	±0	→ 6
24	-2	→ 6
8〜23	±0	→ 8
7	+2	→ 8
5・6	±0	→ 6
4	+2	→ 6
3	±0	→ 4
2	+1	→ 4
1段め	+2目	→ 3目
作り目	くさり編み1目	

作り方

[ヘアアクセサリー]

① パーツを編みます。
ひも　花　本体

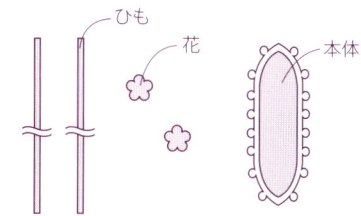

② 本体にひもと花をつけ、できあがりです。
1cm　縫いつける　(裏)　縫いつける

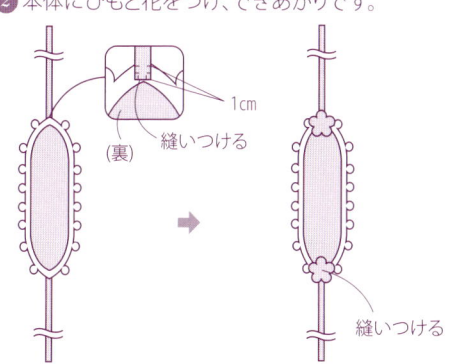

[ヘアピン]

① 花を編み、ヘアピンをつけ、できあがりです。
花　縫いつける　ヘアピン

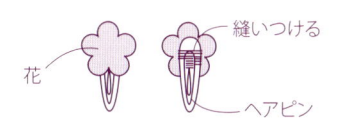

◯ 長編み2目の玉編み

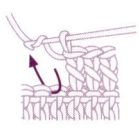

①針に糸をかけ、前段の目に針を入れます。
②針に糸をかけ、引き抜き、もう1度針に糸をかけます。 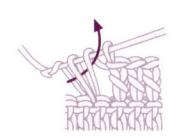
③2目引き抜きます。 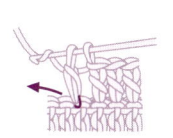
④同じ目に①〜③を1回繰り返し、針に糸をかけます。 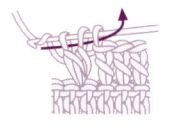
⑤1度に引き抜き、長編み2目の玉編みが編めました。

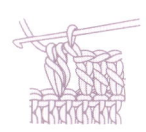

Béret ベレー帽

毛糸
[ハマナカわんぱくデニス]並太毛糸
ピンク(5)35g、濃いピンク(9)10g

針
かぎ針5・7号　とじ針

ゲージ
細編み10cm角
20目21段

サイズ
頭まわり48cm
深さ4cm

完成図
- 18cm
- 2枚重ねて縫いつける
- 2.5cm
- 1.5cm
- 48cm

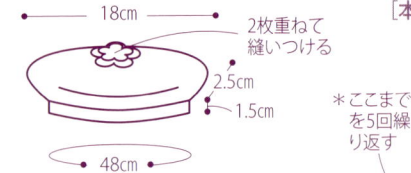

編み図
[本体:1枚]　□ピンク　■濃いピンク

*ここまでを5回繰り返す
色替え

*ここまでを5回繰り返す

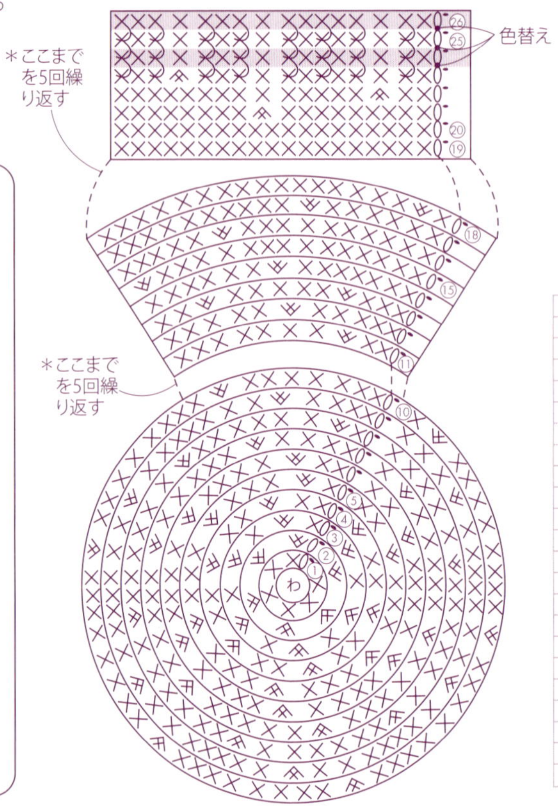

[花:2枚]

*5号かぎ針で1枚、毛糸2本どりを7号針で1枚編む

✕ 細編みの表引き上げ編み
①前段の目に表側から矢印のように針を入れます。 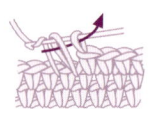
②針に糸をかけ、引き抜き、もう1度針に糸をかけます。 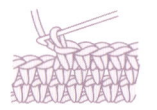
③1度に引き抜き、細編みの表引き上げ編み1目が編めました。

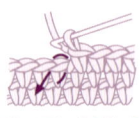

本体の目の増減の仕方

段	増減	目数
24〜26	±0	→96
23	−6	→96
22	−6	→102
21	−6	→108
19・20	±0	→114
18	+6	→114
17	+6	→108
16	+6	→102
15	+6	→96
14	+6	→90
13	+12	→84
12	+6	→72
11	+6	→66
10	+6	→60
9	+6	→54
8	+6	→48
7	+6	→42
6	+6	→36
5	+6	→30
4	+6	→24
3	+6	→18
2	+6目	→12目
1段め	わの中に細編み6目	

Brim Hat 帽子

毛糸
[ハマナカわんぱくデニス]並太毛糸
ピンク(5)35g、濃いピンク(9)20g

針
かぎ針5・7号　とじ針

ゲージ
細編み10cm角
20目21段

サイズ
頭まわり48cm
深さ13cm

完成図
- 13cm
- 2枚重ねて縫いつける
- 3.5cm
- 48cm
- 69cm

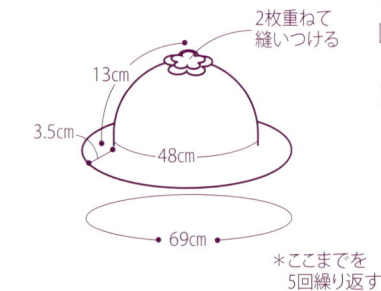

編み図
*27段めまでは51〜53ページ、ベアの帽子と同じです　*花の編み図はベレーと同じです
[本体:1枚]　□ピンク　■濃いピンク

*ここまでを5回繰り返す
色替え

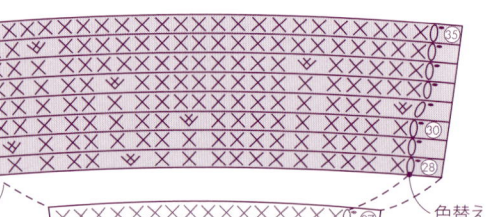

ブリムの目の増やし方

段	増減	目数
35	±0	→138
34	+6	→138
33	+6	→132
32	+6	→126
31	+6	→120
30	+6	→114
29	+6	→108
28段め	+6目	→102目

76

Bib Rabbit & Bib Bear

スタイ

毛糸
[ハマナカポームベビーカラー]並太毛糸
<うさぎ>ピンク(91)35g
<くま>ブルー(95)30g
[ハマナカポームコットンリネン]並太毛糸
<共通>白(201)各5g

針
かぎ針5号　とじ針　縫い針

その他
フェルト こげ茶 各適量
25番刺しゅう糸 こげ茶・
濃いピンク 各少々

ゲージ
細編み10cm角
24目23段

サイズ
うさぎ　幅19cm　高さ21cm
くま　幅19cm　高さ17cm

完成図

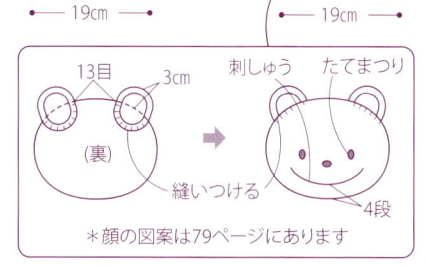

編み図

□ うさぎ…ピンク　くま…ブルー
□ 白

[ひも:2枚]
38cm(くさり編み91目)　1cm

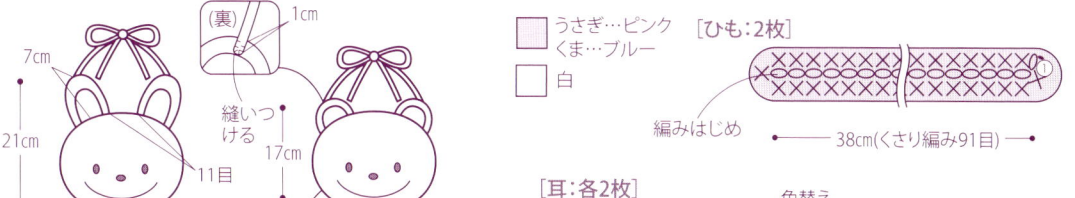

[耳:各2枚]
・くま・
編みはじめ 作り目 くさり編み3目
色替え

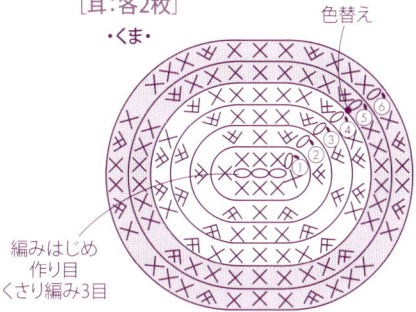

くまの耳の目の増やし方

段	増目	目数
6	+8	→42
5	+4	→34
4	+8	→30
3	+8	→22
2	+6	→14
1段め	+5目	→8目
作り目	くさり編み3目	

本体の目の増やし方

段	増目	目数
16	+4	→118
15	+4	→114
14	+4	→106
13	+8	→102
12	+6	→94
11	+4	→88
10	+8	→84
9	±0	→76
8	+8	→76
7	+8	→68
6	+8	→60
5	+4	→52
4	+8	→48
3	+8	→40
2	+6	→32
1段め	+14目	→26目
作り目	くさり編み12目	

・うさぎ・
編みはじめ 作り目 くさり編み12目
色替え

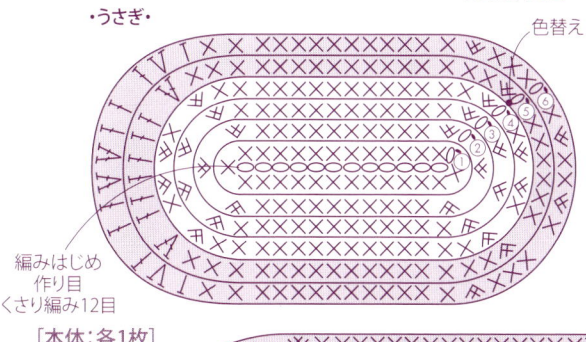

うさぎの耳の目の増やし方

段	増目	目数
6	+8	→60
5	+4	→52
4	+8	→48
3	+8	→40
2	+6	→32
1段め	+14目	→26目
作り目	くさり編み12目	

[本体:各1枚]

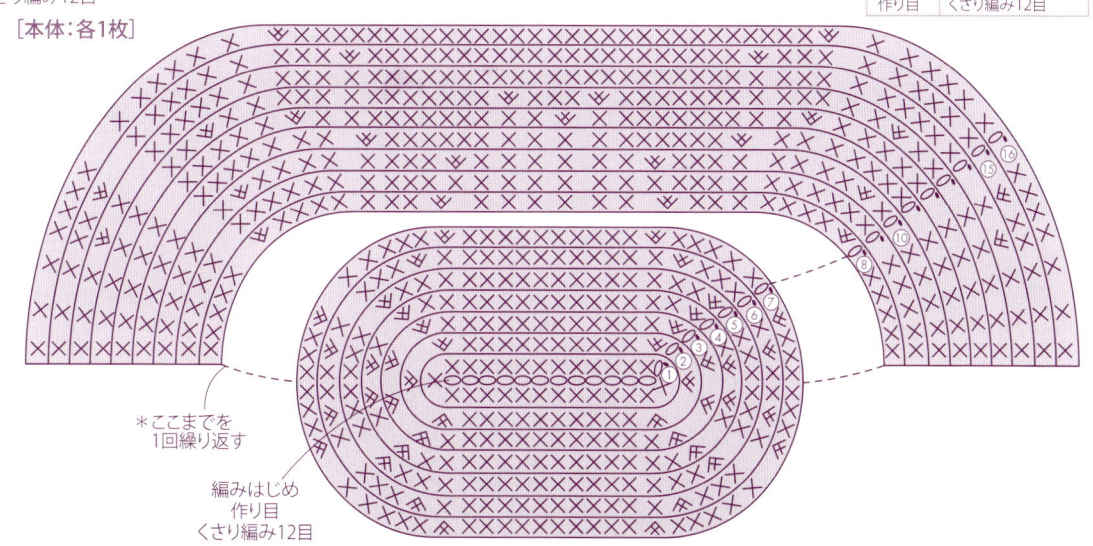

*ここまでを1回繰り返す
編みはじめ 作り目 くさり編み12目

7cm, 21cm, 19cm, 11目, 1cm, (裏), 縫いつける, 17cm, 19cm
13目, 3cm, 刺しゅう, たてまつり, (裏), 縫いつける, 4段
*顔の図案は79ページにあります

Pochette Rabbit & Pochette Bear

毛糸
[ハマナカポームベビーカラー]
並太毛糸 ＜うさぎ＞ピンク
(91)35g ＜くま＞ブルー(95)30g
[ハマナカポームコットンリネン]
並太毛糸 ＜共通＞白(201)各5g

針
かぎ針5号 とじ針 縫い針
その他
フェルト こげ茶 各適量
25番刺しゅう糸 こげ茶・
濃いピンク 各少々

ゲージ
細編み10cm角
24目23段

サイズ
うさぎ
幅 13.5cm
高さ 14.5cm
ひもの長さ 72cm

くま
幅 13.5cm
高さ 12.5cm
ひもの長さ 76cm

完成図

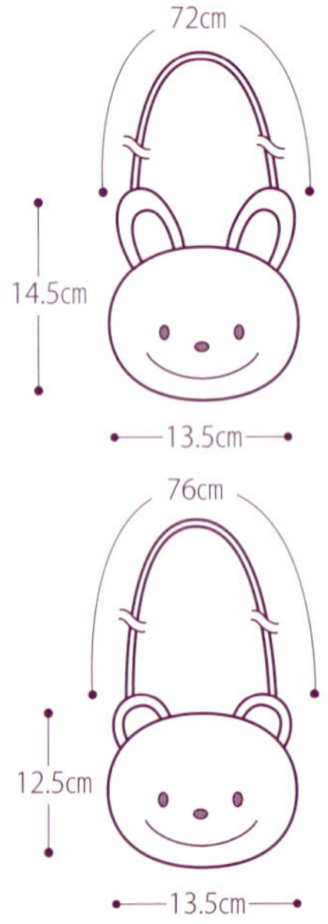

うさぎ: 72cm, 14.5cm, 13.5cm
くま: 76cm, 12.5cm, 13.5cm

編み図

■ うさぎ…ピンク　くま…ブルー　□ 白

[耳:各2枚]
・うさぎ・　色替え
編みはじめ　作り目　くさり編み8目

・くま・　色替え
編みはじめ　作り目　くさり編み3目

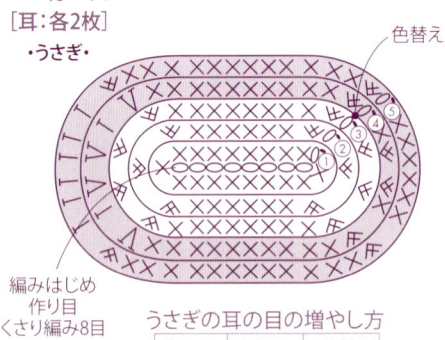

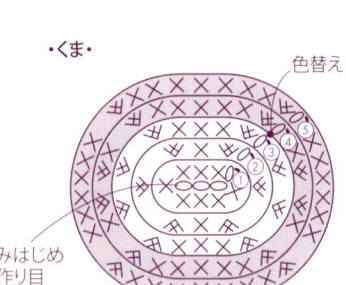

うさぎの耳の目の増やし方

段	増減	目数
5	+4	→44
4	+8	→40
3	+8	→32
2	+6	→24
1段め	+10目	→18目
作り目	くさり編み8目	

くまの耳の目の増やし方

段	増減	目数
5	+4	→34
4	+8	→30
3	+8	→22
2	+6	→14
1段め	+5目	→8目
作り目	くさり編み3目	

[本体:各2枚]

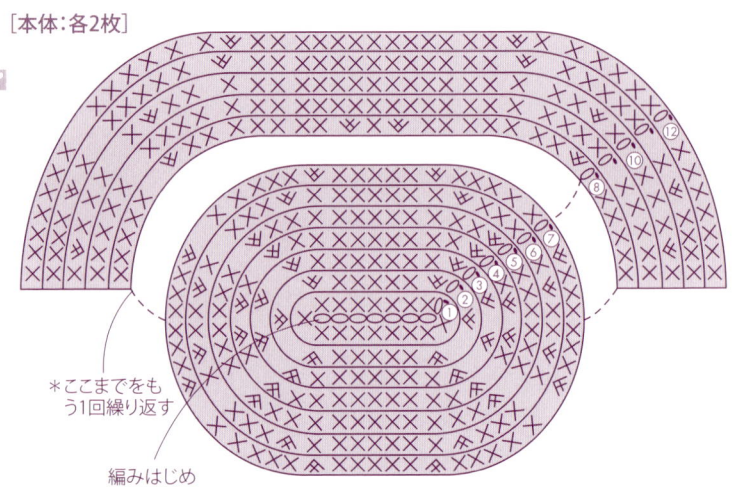

*ここまでをもう1回繰り返す
編みはじめ　作り目　くさり編み7目

作り方

① パーツを編み、耳をつけ、顔をつけます。
7目　8目　2cm　4.5cm
(裏)
縫いつける
たてまつり
刺しゅう　3段

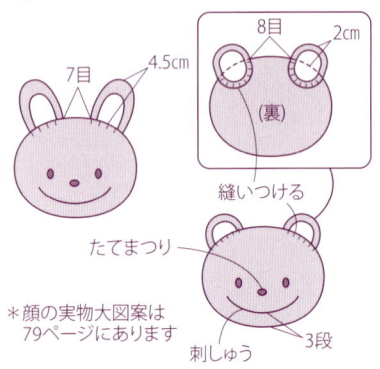

*顔の実物大図案は79ページにあります

② 本体をはぎ合わせ、ひもをつけて、できあがりです。
②縫いつける
①本体を重ね、耳から下を巻きかがりではぐ

[ひも:各1枚]
80cm(くさり編み192目)

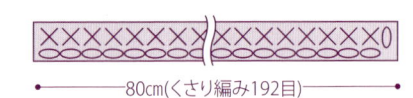

本体の目の増やし方

段	増減	目数
12	+4	→86
11	+8	→82
10	+8	→74
9	±0	→66
8	+8	→66
7	+8	→58
6	+8	→50
5	+4	→42
4	+8	→38
3	+8	→30
2	+6	→22
1段め	+9目	→16目
作り目	くさり編み7目	

ポシェット

実物大図案

フェルト(こげ茶・各1枚)

バックステッチ(濃いピンク・6本)

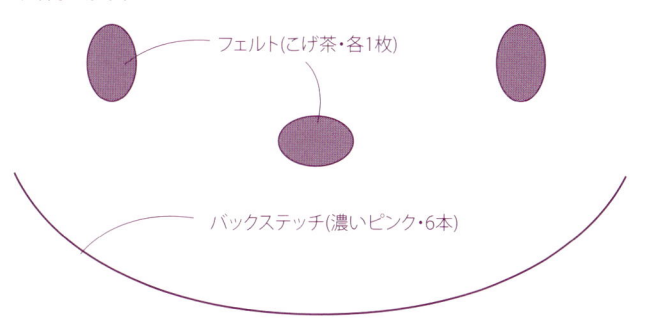

＊スタイは140％拡大して使用

この本で使われている刺しゅうの仕方

・サテンステッチ・

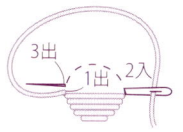

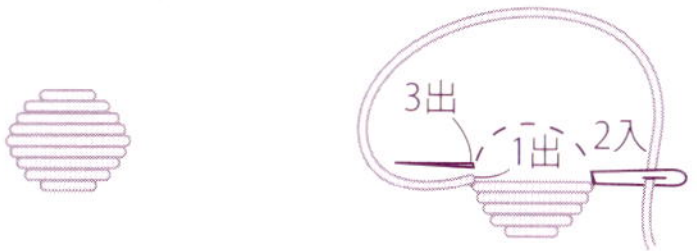

3出　1出、2入

・バックステッチ・

3出　2入
1出
4入

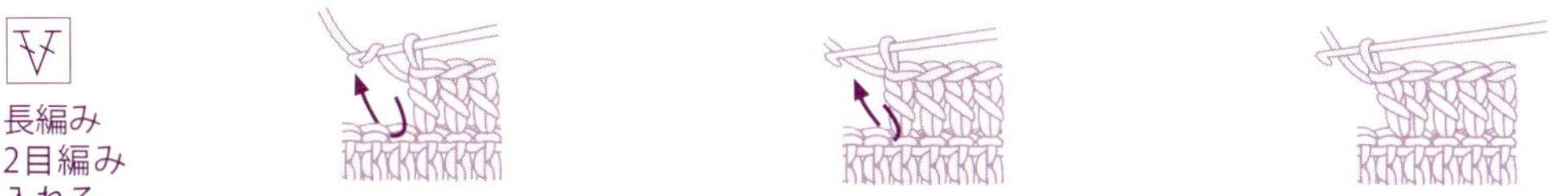

長編み2目編み入れる

①針に糸をかけ、前段の目に針を入れます。

②長編みを1目編みます。
＊長編みの編み方は18ページ

③同じ目に長編みを編み、長編み2目編み入れるが編めました。

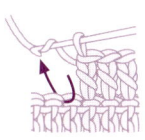

長編み2目1度

①針に糸をかけ、前段の目に針を入れます。

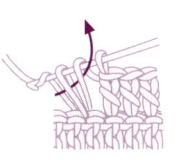

②針に糸をかけ、引き抜き、もう1度針に糸をかけます。

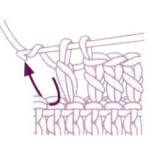

③2目引き抜き、針に糸をかけ、次の目に針を入れます。

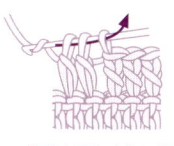

④②と同じように編み、2目引き抜き、針に糸をかけます。

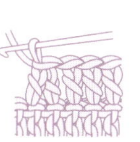

⑤1度に引き抜き、長編み2目1度が編めました。

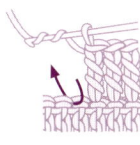

長々編み

①針に糸を2回かけ、前段の目に針を入れます。

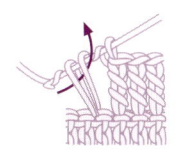

②針に糸をかけ、引き抜き、針に糸をかけます。

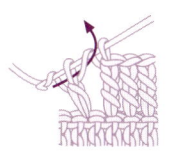

③2目引き抜き、針に糸をかけます。

④もう1度2目引き抜き、針に糸をかけます。

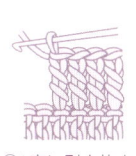

⑤1度に引き抜き、長々編みが1目編めました。

♛ キットのご案内 ♛

この本に使われている毛糸やリボンが1作品ごとにキットで揃います！

お問い合わせいただければFAX、郵便にて注文書(料金表)を送らせていただきます。

お問い合わせ方法

＊お電話でのお問い合わせ………03-3728-7561
＊FAXでのお問い合わせ…………03-3728-7661

(有)ピンクパールプランニング
でお受けしております。
＊糸はメーカーの都合により、廃盤になる場合があります。

著者プロフィール
寺西恵里子
てらにし えりこ

(株)サンリオに勤務し、子ども向けの商品の企画デザインを担当。退社後も"HAPPINESS FOR KIDS"をテーマに手芸、料理、工作を中心に手作りのある生活を幅広くプロデュース。その創作活動の場は、実用書、女性誌、子ども雑誌、テレビと多方面に広がり、手作りを提案する著作物は400冊を超える。

http://www.teranishi-eriko.co.jp

寺西恵里子の本
『ひと玉でできるかぎ針編みのモチーフ編み』(日東書院)『3時間で完成!誰でも編めるマフラーと帽子』(辰巳出版)
『心に残る手作りひとことカード』(PHP研究所)『チラシで作るバスケット』(NHK出版)『3歳からのお手伝い』(河出書房)
『広告ちらしでつくるインテリア小物』(主婦と生活社)『こどもの折り紙あそび』(ブティック社)
『365日子どもが夢中になるあそび』(祥伝社)『0・1・2歳のあそびと環境』(フレーベル館)
『ねんどでつくるスイーツ&サンリオキャラクター』(サンリオ)『はじめてのおさいほう』(汐文社)

協賛メーカー
ハマナカ株式会社
■京都本社 〒616-8585 京都市右京区花園薮の下町2番地の3　　TEL/075(463)5151(代)　FAX/075(463)5159
■東京支社 〒103-0007 東京都中央区日本橋浜町1丁目11番地10号 TEL/03(3864)5151(代)　FAX/03(3864)5150
ハマナカHP■http://www.hamanaka.co.jp　　e-mailアドレス■ iweb@hamanaka.co.jp

撮影	奥谷仁
プロセス撮影	花田真知子
デザイン	ネクサスデザイン
カバーデザイン	サイクルデザイン
作品制作	森留美子　鈴木由紀　関亜紀子　上田節子
作り方イラスト	鈴木 凛　やのちひろ　宮崎優貴　室井佑季子
校閲	校正舎 楷の木

かぎ針編みで作る
ベビーニット

2011年11月20日 初版第 1 刷発行
2020年12月25日 初版第10刷発行

著者●寺西恵里子
発行者●廣瀬和二
発行所●株式会社 日東書院本社
〒160-0022　東京都新宿区新宿2丁目15番14号 辰巳ビル
TEL●03-5360-7522(代表)　FAX●03-5360-8951(販売部)
振替●00180-0-705733　URL●http://www.TG-NET.co.jp

印刷●大日本印刷株式会社　製本●株式会社ブックアート

本書の無断複写複製(コピー)は、著作権上での例外を除き、著作者、出版社の権利侵害となります。
乱丁・落丁はお取り替えいたします。小社販売部までご連絡ください。
© Eriko Teranishi2011,Printed in Japan ISBN 978-4-528-01297-4 C2077